dat & wat

Für Sabine

Georg Cornelissen

dat & wat

Der **Sprachatlas** für das Land am Rhein zwischen Emmerich und Eifel

Unter Mitarbeit von Esther Weiss und Martina Schaper

GREVEN VERLAG KÖLN

Eine Veröffentlichung des LVR-Instituts für
Landeskunde und Regionalgeschichte

LVR
Qualität für Menschen

Lektorat: Johannes Klingen-Protti, Düsseldorf
Gestaltung und Satz: Thomas Neuhaus, Billerbeck
Gesetzt aus der Aalto Sans Essential
Lithografie: prepress, Köln
Papier: Salzer EOS blauweiß
Druck und Bindung: Eberl & Kösel, Altusried-Krugzell
Coverabbildung: Bruce Nauman, Mean Clown Welcome, 1985, © VG Bild-Kunst, Bonn 2020

ISBN 978-3-7743-0932-6

Detaillierte Informationen über alle unsere Bücher finden Sie unter:
www.greven-verlag.de

Inhalt

Rhein

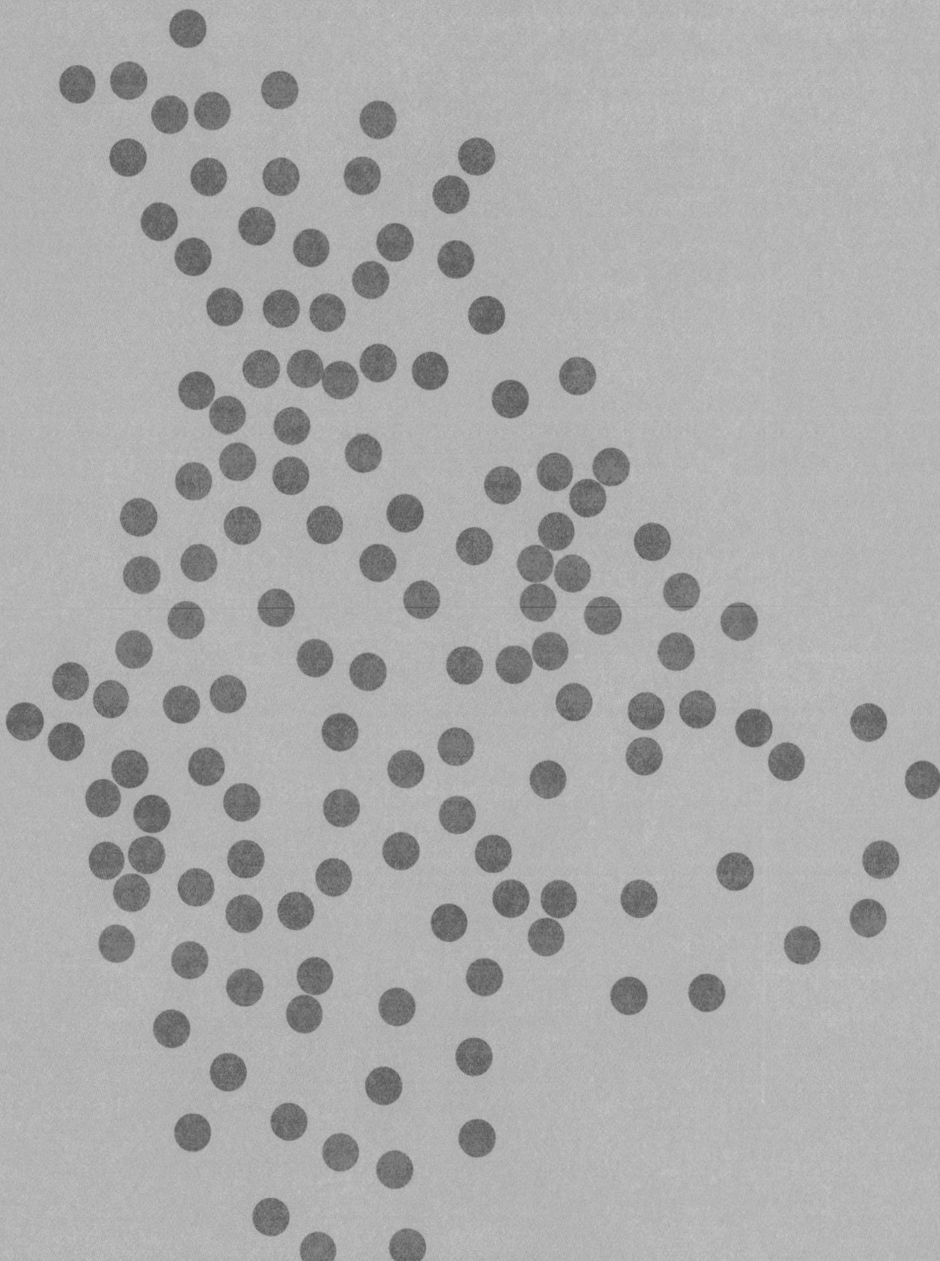

Einleitung

Das Land am Rhein zwischen Emmerich und Eifel, zwischen niederländischer Grenze und Westfalen: dazu gehören der Niederrhein, der Westen des Ruhrgebiets, das Bergische Land, der Raum Köln-Bonn, das Aachener Land sowie die nördliche Eifel. Ein großer Teil der Karten hat dieses Rheinland als Grundgebiet, zu erkennen an seinem charakteristischen Umriss, der entfernt an eine im oberen Teil leicht nach links gebogene Birne erinnert. Andere Karten greifen über diese Grenzen aus oder präsentieren einen Ausschnitt des Raums.

Wer die Sprachkarten betrachtet, kann als Ausgangspunkt den eigenen Wohnort wählen: Decken sich die Angaben der Karte mit meinen eigenen Sprachbeobachtungen? Benutze ich die für meinen Ort signalisierte Variante selbst? Und wie sagt man anderswo? Die Sprachkarten lassen sich aber auch ganz anders analysieren – Vorschläge dazu sind im Abschnitt »Karten lesen« zu finden.

Der Atlas enthält fünfzig Karten, wobei in manchen Fällen zwei themengleiche Karten einander gegenübergestellt werden. Außerdem werden Dreier- oder Vierer-Serien, einmal auch eine Fünfer-Serie zusammengestellt. Wer deren Kartenbilder miteinander vergleicht, wird zahlreiche Hinweise auf Sprachbewegung und Sprachwandel entdecken.

Der regionalen Umgangssprache, dem Regiolekt, sind die meisten Karten gewidmet; eigentlich müsste man wohl von den Umgangssprach<u>en</u>, also auch von den Regiolekt<u>en</u>, im Rheinland sprechen. Außerdem werden die Dialekte und das in der Region übliche Hochdeutsch auf eigenen Karten behandelt, so dass Beobachtungen zum interessanten Zusammenspiel der drei sprachlichen Ebenen möglich werden. In einem kurzen Eingangskapitel geht es um die fränkischen Sprachwurzeln des Rheinlands. Übrigens werden die Bezeichnungen Dialekt, Mundart und Platt gleichbedeutend gebraucht.

Anhand kartografischer Darstellungen will der Atlas sichtbar machen, wie sich die Wörter im Raum verteilen und wie es dazu gekommen ist – und nicht nur Wörter, sondern auch einzelne Laute und Formen. Wie Wörter (und Laute und grammatische

Phänomene) wandern und wo sie ihre Grenzen finden – das wollen Karten und Kartenkommentare Ihnen zeigen.

Drei Kartentypen lassen sich unterscheiden: Flächen-, Symbol- und Diagrammkarten. Flächenkarten eignen sich besonders dazu, die sprachliche Gliederung eines Raums vor Augen zu führen; gleich die erste Karte (»Fränkisch«) gehört zu diesem Typus. Außerdem bieten sich Flächenkarten dann an, wenn räumliche Strukturen vereinfacht dargestellt werden sollen, damit das Kartenbild übersichtlicher wird. So geschehen auf der letzten Karte, die den Gegensatz zwischen den beiden großräumig verbreiteten Synonymen *Weckmann* und *Stutenkerl* ins Bild setzt.

Symbolkarten, genauer: Punktsymbolkarten, werden gezeichnet, wenn jedem einzelnen Ort ein Sprachbeleg zugeordnet werden soll: jeder Ort ein Punkt, jeder Punkt ein Ort. In diesem Atlas haben die Dialektkarten solche Punktsymbole. Wenn man so will, spiegeln sie das im Rheinland weitverbreitete Bild wider, dass jeder Ort seinen eigenen Dialekt hat und dass im Nachbarort schon wieder anders gesprochen wird. Mehr zu den Punktsymbolkarten enthält der Abschnitt »Karten zeichnen«, in dem ebenfalls der dritte und hier am häufigsten gewählte Kartentypus vorgestellt wird: die Diagrammkarte.

Die Kartenkommentare können wegen ihres begrenzten Umfangs nicht alle sprachhistorischen, etymologischen und areallinguistischen (sprachgeografischen) Informationen enthalten, die prinzipiell zur Verfügung stünden. Erste Hinweise auf die »Hintergründe« der Kartenbilder sind in der jeweils genannten Literatur zu finden. Jede Karte in diesem Atlas kann für sich betrachtet werden, jeder Kartenkommentar ist in sich abgeschlossen. Die Geschichte der Sprachlandschaft am Rhein entfaltet sich allerdings erst dann, wenn die Karten der Reihe nach betrachtet werden.

Die sprachlichen Wurzeln

1

Fränkisch

Die heute im Rheinland gesprochenen Dialekte haben fränkische Wurzeln. Diese Mundarten gehen auf die Sprache der Franken zurück, die, als in Mitteleuropa das römische Reich untergegangen war, das Gebiet entlang des Rheins peu à peu besiedelten. Das konnte, wie im Falle Kölns, die Übernahme einer römischen Stadt bedeuten. Das konnte auch in die Gründung neuer Siedlungen münden, die dann Namen wie *Frithegestorp* oder *Guntherisdorp* erhielten.

Einige der Franken, die damals im Gebiet des heutigen Rheinlands wohnten, hießen *Fridugis* und *Gundhari, Hlodomar* und *Wurmmar* (oder doch ähnlich). Männer wie sie haben Spuren in der Sprachlandschaft des Rheinlands hinterlassen, weil ihre Namen in Ortsnamen »verewigt« wurden. Die nach ihnen benannten Dörfer waren *Frithegestorp, Guntherisdorp, Lumeresdorph* und *Wormarstorp;* in dieser Form tauchen die Siedlungsnamen in Texten vor der Jahrtausendwende auf.

Fridugis, Hlodomar und *Wurmmar* heißt heute wohl niemand mehr; anders liegt der Fall bei *Gundhari,* einem Namen, der sich inzwischen zu *Gunther* oder *Günter* gewandelt hat. Auch die alten Ortsnamen haben ihre Gestalt im Laufe der letzten tausend Jahre geändert; sie wurden modernisiert und dem Hochdeutschen (teilweise) angepasst. Die betreffenden Siedlungen heißen inzwischen *Friesdorf, Junkersdorf, Lommersdorf* und *Wormersdorf*. Aus dem fränkischen *dorp,* älter *thorp,* ist in den Dialekten des Rheinlands inzwischen *Dörp, Derp* oder *Darp* geworden (siehe Karte 9). *Lumeresdorph* heißt auf Platt heute *Lommesdörp,* aus *Wormarstorp* ist im Dialekt *Wormeschdörp* geworden.

Das von den Franken besiedelte und von den fränkischen Königen beherrschte Gebiet umfasste unter anderem den Raum zwischen Rhein und Maas und einen Streifen auf dem rechten Rheinufer. Nachbarn der Franken wurden später die Sachsen, als sie sich, vom Norden her einwandernd, im Gebiet an Lippe und Ruhr niederließen. Auf das Sächsische gehen die westfälischen Dialekte zurück, die heute im Osten von Nordrhein-Westfalen beheimatet sind.

In der Dialektforschung ist man übereingekommen, als »Grenze« zwischen den fränkischen und den sächsischen (westfälischen) Dialekten eine Linie heranzuziehen, die das Verbreitungsgebiet eines bestimmten sächsischen (westfälischen) Dialektmerkmals markiert. Dieses Merkmal ist eine grammatische Form: der »Einheitsplural« auf *-t* (mehr dazu im Kartenkommentar auf S. 22).

Auf der Karte wird das nordrhein-westfälische Rheinland durch die Farbintensität hervorgehoben: Es reicht von Kleve am unteren Niederrhein bis in die Nordeifel (Euskirchen), in westöstlicher Richtung erstreckt es sich von Aachen bis ins Bergische Land (Gummersbach). Die hier gesprochenen Dialekte haben eine fränkische Basis ■; nur im äußersten Osten dieses politisch definierten Rheinlands sind westfälische Dialekte ■ beheimatet, so im Osten des Kreises Wesel (in Schermbeck und Umgebung) und auch in großen Teilen von Essen. Der um Kleve und Bocholt eingezeichnete Rahmen verweist auf die Karte 2.

Thema der Karte 1 ist die räumliche Verbreitung der Dialekte mit fränkischen Wurzeln. Solche Wurzeln haben demnach ebenfalls die benachbarten Dialekte im Bundesland Rheinland-Pfalz, und auch in den Nachbarländern Belgien (Flandern) und Niederlande ist Fränkisch die Sprachgrundlage ■. Der Raum, den die Karte zeigt, bildete einmal ein sprachliches (dialektales) Kontinuum. Die heutigen Staatsgrenzen »durchkreuzen« alte Dialekträume. Das erklärt, warum es bis heute noch möglich ist, sich im Grenzgebiet mit Hilfe des Dialekts zu verständigen. Allerdings ist das Platt diesseits und jenseits der Grenze inzwischen so stark vom Deutschen (diesseits) beziehungsweise vom Niederländischen (jenseits) geprägt, dass sich der grenzüberschreitenden Kommunikation im Dialekt hohe Hürden in den Weg stellen.

Das »Rheinland« existiert im Westen Deutschlands zweimal: Das nördliche Gebiet dieses Namens gehört zu Nordrhein-Westfalen, das also auch Rheinland-Westfalen hätte heißen können. In seiner Ausdehnung ist es identisch mit dem im Untertitel dieses Atlas genannten »Land am Rhein zwischen Emmerich und Eifel«. Ein zweites »Rheinland« begegnet als Teilgebiet von Rheinland-Pfalz. In beiden Fällen verweist der Name auf die frühere preußische Rheinprovinz: die preußischen »Rheinlande«.

Die (aufs Fränkische zurückgehenden) Dialekte im Norden von Rheinland-Pfalz ähneln den (ebenfalls im Fränkischen wurzelnden) Nachbardialekten im Süden Nordrhein-Westfalens. So liegen unmittelbar an der Landesgrenze, südwestlich von Bonn, die Dörfer Werthhoven und Birresdorf. Im Platt von Birresdorf (Rheinland-Pfalz) sind Wendungen zu hören wie *Die lävven zesamme wie Hond on Katz* oder *Die konnen sech legge wie Katz on Hond*. Ersteres wird gesagt, wenn Menschen sich immer wieder streiten; im zweiten Fall können bestimmte Personen einander überhaupt nicht leiden *(legge)*. Werthhoven (NRW) liegt etwa drei Kilometer entfernt, dort klingt es (fast) genauso.

Das sächsische Dialektgebiet im Nordwesten der Karte ■ reicht bis zur Nordsee und zur Ostsee. Außer dem Westfälischen gehören unter anderem die Dialekte Groningens in den Niederlanden dazu; man nennt sie dort »Nedersaksisch«. Das mecklenburgische Plattdeutsch wird gleichfalls als Teil des alten Sächsisch betrachtet. – Der Südwesten des Kartenbilds schließlich gehört zum romanischen (französischen) Sprachraum ■.

Von den Wörtern, die die Franken und Fränkinnen bei der Besiedlung des Rheinlands »mitbrachten«, sind viele bis auf den heutigen Tag im Gebrauch, außer *dorp (thorp)* beispielsweise *hus* und *hund* (Haus, Hund). Von den fränkischen Tätigkeitswörtern seien *eton, loupon* und *macon* genannt (essen, laufen, machen). Daneben übernahmen die Franken von der Lateinisch sprechenden Bevölkerung viele Vokabeln, die sie in der Folge der eigenen Sprache anpassten. Nicht zufällig waren das Wörter wie *(via) strata* oder *tegula* (Straße, Ziegel); aber sie entlehnten auch *muscio*, ein Wort, das man heutzutage in den verschiedenen Dialekten als *Mösch* oder *Mösche* oder *Möss* kennt; eine auffällige Lautvariante lautet *Möisch. Mösch* (und seine Varianten) meint heute in den meisten Orten den ›Sperling‹; das Wort kann anderenorts aber auch den ›kleinen Vogel allgemein‹ bezeichnen.

Mösch, Möisch, Mösche, Möss: Es fällt auf, dass die meisten der fränkischen Erbwörter und der frühen Lehnwörter in den Dialekten heute mit lautlicher Varianz auftauchen. In einer Fragebogenerhebung wurden 2017/18 folgende Varianten für den ›Hund‹ zusammengetragen: *Hond* und *Haund, Honk, Hunk* und *Hounk, Hong* und *Hung, Hongd* und *Hungd, Hondj* und *Hundj*. All diese Belege stammen aus dem Rheinland zwischen Kleve und Nordeifel. Und es gibt hier auch Orte, in denen der Vierbeiner wie im Hochdeutschen *Hund* genannt wird. Ganz im Osten des Rheinlands, beispielsweise im Raum Radevormwald, ist der Hund ein *Rüe* – wie im benachbarten Westfalen. Die »Grenze« ist durchlässig.

Über lautliche Varianten in der altfränkischen Zeit lässt sich dagegen kaum etwas sagen. Denn es fehlen Quellen in wünschenswertem Umfang. Außerdem haben sich viele der lautlichen Besonderheiten und Auffälligkeiten erst später entwickelt – um sich im Anschluss im Raum auszubreiten, so dass sich kleinere oder größere Areale bilden konnten, die dort, wo sie schließlich aneinandergrenzten, für wahrnehmbare Unterschiede zwischen den Dialekten sorgten.

Die »vollen« Vokale *a, e, i, o* und *u* in den Nebensilben sind nach der fränkischen Zeit zu dem »Murmellaut« *ə* geworden (wir schreiben ihn allerdings *e*). Statt *eton* (mit *o*) ist heute *äte* oder *esse* zu hören, statt *loupon* sagt man heute *lope* oder *loufe*, aus dem altfränkischen *macon* (das *c* ist wie das heutige *k* zu sprechen) haben sich *make* und *mache* entwickelt. Diese phonetischen Prozesse vollzogen sich im Hochmittelalter. Die Verzweigung bei altem *t* (Beispiel *eton*), bei altem *p (loupon)* und bei altem *k (macon)* gehört in die Zeit vor der Wende vom ersten zum zweiten Jahrtausend. Damals entstand die Benrather Linie, die auf so markante Weise die heutige Dialektlandschaft des Rheinlands prägt (siehe Karte 4).

Literatur: *Bergmann 1977*
Cornelissen/Dick Hund
Dittmaier 1979
Prothmann 2009 (S. 333 und 421 Zitate, Schreibung geändert)
Van Veen/van der Sijs 1997

Fränkisch

Fränkisch
Sächsisch
Romanisch (Französisch)

0 20 km

2

(sie) flieg-en/(wir) hab-en

Manche Dialekte im Rheinland sind älter als andere – zumindest dann, wenn man vom Alter der Orte ausgeht, in denen sie gesprochen werden. Im Kommentar zur Karte 1 war zu lesen, dass die Besiedlung des Gebiets in der Frankenzeit »peu à peu« stattgefunden hat. Aus Einzelhöfen entstanden Weiler, aus Weilern wurden Dörfer. Gebiete, die in den ersten Jahrhunderten noch unbewohnt waren, wurden besiedelt; Rodungen schafften den Raum für neue Siedlungen. Viele Orte im Rheinland tragen einen Rodungsnamen, beispielsweise *Herzogenrath* oder *Ruppichteroth (-rath, -roth).*

Die Archäologie kommt für den Raum Brüggen im heutigen Kreis Viersen zu folgendem Befund:

> Mit dem Ende der römischen Herrschaft am Niederrhein scheint das Gebiet um Brüggen für mehrere Jahrhunderte praktisch siedlungsleer gewesen zu sein. In Folge des Bevölkerungsrückganges entstanden vor allem auf den weniger ertragreichen Böden ausgedehnte Waldflächen. Nicht nur in den Gemarkungen Brüggen und Born, sondern auch im weiteren Umfeld des Schwalmgebietes fehlen archäologische Funde, die auf eine dauerhafte Anwesenheit fränkischer Bevölkerungsgruppen hinweisen würden. Erst im Verlauf des Hochmittelalters wurden die Waldflächen in Teilen gerodet, um Ackerland für die nun stetig wachsende Bevölkerung zu schaffen. Neben ersten Dörfern entstanden in Brüggen und Born Burgen, mit denen adlige Grundherren ihren Besitz und die wichtige Verkehrsverbindung über die sumpfige Schwalmniederung sichern wollten.

Heute »passen« die Dialekte von Brüggen und Born genau »ins Bild«. Sie sind Teil der dialektalen Sprachlandschaft geworden, ihre Dialekte stimmen in vielem mit den Dialekten der Nachbarorte überein, weichen in bestimmten Punkten aber auch davon ab. In Brüggen und Born nennt man den Dialekt beispielsweise *Plott;* diese Lautung ist in den nahegelegenen Dörfern Bracht, Breyell oder Amern ebenfalls beheimatet. Etwa zehn bis fünfzehn Kilometer weiter östlich heißt es im Dialekt dann aber *Platt* (wie sonst überall im Rheinland).

Anders verhält es sich bei den Lautvarianten von ›Nacht‹: Brüggen und Born haben *Nooch*, während man in den unmittelbaren Nachbarorten im Norden, so auch in Bracht, *Naut* sagt. Gegensätze wie *Platt/Plott* oder *Nooch/Naut* sorgen dafür, dass Dialektsprecher über Nachbarorte sagen: »Die sprechen schon ganz anders!« Im Kreis Viersen sind neben *Nooch* und *Naut* noch weitere Varianten anzutreffen: *Nait* und *Näät*, *Naat* und *Naach*. Die Dialektforschung hat in vielen Fällen beschrieben, wie sich Varianten dieser Art aus einer einzigen Lautform haben entwickeln können. Ob es in der altfränkischen Zeit dann wirklich nur diese eine »ursprüngliche« Form gegeben hat, steht wieder auf einem anderen Blatt. Die »Bilder«, die auf Dialektkarten zu erkennen sind und die uns die Verteilung der Varianten im Raum zeigen, sind Momentaufnahmen aus dem 19., dem 20. oder dem 21. Jahrhundert. Der Rest ist Rekonstruktion.

Thema der Karte 1 war die Verbreitung fränkischer Dialekte im heutigen Rheinland und in den Nachbarregionen. Als Grenze zu den sächsischen Dialekten wurde die »Einheitspluralllinie« gewählt, die sich als Einteilungskriterium in der Dialektforschung bewährt hat. Auf der Karte 2, die das Gebiet zwischen Vreden im Westmünsterland und Winnekendonk am Niederrhein darstellt, sind die Ortsdialekte mit Einheitsplural an der gelben Farbe ● zu erkennen.

Der westfälische »Einheitsplural«: Gemeint sind die Pluralformen (Mehrzahlformen) beim Tätigkeitswort im Präsens: wir *fliegen*, ihr *fliegt*, sie *fliegen* im Hochdeutschen. In den westfälischen Dialekten gibt es diesen Formenunterschied nicht, der Plural zeigt einheitlich das Suffix *-t*, so dass der sprachlich westfälische Teil der Karte *fleegt* (oder *fliegt* oder *fleeget*) hat. Das *-t* kann allerdings auch ausfallen, dann ist *fleeg (= fleech)* zu hören. Die fränkischen Dialekte am Niederrhein haben andere Präsensformen ●. Wie die Karte zeigt, verläuft die Formengrenze im Bereich der Issel (in den Niederlanden: Oude IJssel). Allerdings hat Wertherbruch auf dem linken Isselufer noch das westfälische Pluralsystem, während östlich des Flusses der Dialekt von Anholt aufgrund seiner Mehrzahlformen zum fränkischen Dialektraum zu rechnen ist.

Bei dieser Darstellung handelt es sich um die Umzeichnung eines Kartenblatts aus dem Atlas »Dialekt à la carte«. Dafür hatten Dialektsprecher*innen 1991 unter anderem die Sätze »Die Bienen fliegen in den Korb« und »Wir haben fünf Stühle« übersetzt, zwei Jahre später wurde der grenzübergreifende Dialektatlas von drei Instituten in den Niederlanden und in Deutschland herausgegeben. Auf den Fragebogen aus Zyfflich, Praest, Wertherbruch und Bocholt war zu lesen (in der Originalschreibung):

Zyfflich	*De Beje fliege in de Körf. – Wej hebbe feif Stühl.*
Praest	*De Bejen fliegen in de Körf. – Wej hämmen fiff Stühl.*
Wertherbruch	*De Bejen fliegt in denn Korf. – Wej hepp füff Stühl.*
Bocholt	*De Bejen fleegt in'n Korf. – Wej häbbt fief Stööle.*

Misch- oder Kompromissformen können sich dort bilden, wo Verbreitungsräume verschiedener Varianten aufeinandertreffen, das ist auch im Bereich der Einheitspluralllinie der Fall. Großräumige Einteilungskarten wie die Karte 1 vereinfachen dann zumeist.

Die fränkisch-sächsische Dialektgrenze ist nicht »undurchlässig«. Anschauliche Beispiele dafür finden sich im Dialekt von Bocholt, einer westfälischen Stadt, die nicht weit vom Niederrhein und von den Niederlanden entfernt liegt. Diese Lage hat ihren Niederschlag im Bocholter Platt gefunden, das sich deutlich von den Dialekten zehn oder zwanzig Kilometer weiter östlich unterscheidet. Dass der Wortschatz immer besonders »offen« für Entlehnungen ist, können die folgenden Wortpaare sehr schön illustrieren, bei denen das jeweils zuerst genannte Synonym im Raum Bocholt zu hören ist: *Müsse – Lüning* ›Spatz‹, *Kruwagen – Schufkaor* ›Schubkarre‹, *Solder – Balken* ›Dachboden‹. Die Bocholter Bezeichnung stimmt hier mit den Dialekten am Niederrhein überein und ist auch im Niederländischen beheimatet. Dagegen klingt das jeweils zweite Dialektwort schon gut »westfälisch«, es ist nur einige Kilometer östlich von Bocholt zu finden.

Die Karten 1 und 2 behandeln Sprach- oder Dialekträume, die heute von Staatsgrenzen durchschnitten werden. Diese politischen Grenzen sind aber vergleichsweise jung. Nun ist es bei Dialektprojekten aus praktischen Gründen oft nicht möglich, das benachbarte, sprachlich verwandte Gebiet jenseits der Grenze einzubeziehen. Deshalb »enden« Dialektkarten oft abrupt an der Staatsgrenze. Das kann zu Problemen führen, da ein Kartenbild ja interpretiert werden will: Wie ist es zu genau dieser Verteilung der Varianten im Raum gekommen, welche Rolle haben die Orte in der Nachbarschaft gespielt? Im Falle der Dialektlandschaft zwischen Emmerich und Eifel bleiben Interpretationen, die die Nachbarregionen in den Niederlanden und in Belgien ausklammern müssen, deshalb manchmal (notgedrungen) Stückwerk.

Das Platt am unteren Niederrhein zeichnet sich durch die besonders enge Verwandtschaft mit dem Niederländischen und seinen Dialekten aus (siehe Karte 10). Je mehr man sich am Niederrhein von Süden aus über Xanten, Goch und Kleve der niederländischen Stadt Nimwegen nähert, desto hörbarer wird der niederländische Einschlag in den örtlichen Dialekten. Kaum eine Mundart in Deutschland ist allerdings »niederländischer« als die in Zyfflich; dort sagt man beispielsweise *Wej hebbe feif Stühl* (siehe oben). Das Zahlwort ›fünf‹ lautet anderswo am unteren Niederrhein *fönf, fief, fiff* oder *füff*, während man nur in Zyfflich und in einigen anderen Orten in der Nähe zu Nimwegen *feif* sagt – eine Lautvariante, die an die niederländischen Dialekte in der direkten Nachbarschaft und ans Standardniederländische *(vijf)* anschließt.

Literatur: *Beckschulte Platt/Plott*
Brüggler/Cott/Keller (in Vorbereitung)
Cornelissen Nacht
Dialekt à la carte 1993
Kremer 2019
Rein Ortsnamen

(sie) flieg-en/(wir) hab-en

3

Pott im Kohlenpott

Im Ruhrgebiet spricht heute kaum noch jemand Dialekt. Die rasante Bevölkerungsentwicklung im 19. und 20. Jahrhundert hatte zur Folge, dass irgendwann nur noch eine Minderheit der dort lebenden Menschen die angestammten Dialekte beherrschte. An deren Stelle trat der »Regiolekt« als tägliche Umgangssprache.

Dat hasse schön gesacht. – Wat willze denn dammit machen? – Et is noch en bisken im Pott. So kann diese Sprache klingen, die von der Wissenschaft »Ruhrdeutsch« genannt wird. Viele Elemente des Ruhrdeutschen basieren auf den alten Dialekten des Raums, die im Westen fränkische und im Osten sächsische Wurzeln haben. Zum fränkischen Worterbe gehört wohl auch der *Pott*.

Als in der ersten Hälfte des 20. Jahrhunderts der »Deutsche Wortatlas« erarbeitet wurde, dachte noch niemand an die Regiolekte. Damals standen die deutschen Dialekte im Mittelpunkt. Eine der Fragen zielte auf die Bezeichnungen für den (irdenen) Topf. Die Karte zeigt die Ergebnisse der »Wortatlas«-Erhebung für das Gebiet des heutigen Bundeslandes Nordrhein-Westfalen. Eingezeichnet sind auch die Grenzen des Ruhrgebiets, die hier gleichgesetzt werden mit den Grenzen des Regionalverbandes Ruhr, des früheren Kommunalverbandes Ruhr, heute auch Metropole Ruhr. Das Ruhrgebiet (der *Kohlenpott*) erstreckt sich demnach zwischen dem Kreis Wesel im Westen und Hamm im Osten, zwischen Niederrhein, Münsterland und Sauerland. Innerhalb des Ruhrdeutschen bestehen deutliche räumliche und lokale Differenzen, die oft auf die alten Dialekte des Raumes zurückgehen. Selbst innerhalb einzelner Städte ist mit Varianten zu rechnen.

Der Karte lässt sich entnehmen, dass man in den Dialekten des Ruhrgebiets den irdenen Topf überall *Pott* ■ nannte. Im Rheinland und im Südwestfälischen war *Düppen (Döppen, Döppe)* die gängige Bezeichnung für ein solches Gefäß ■. Östlich von Paderborn und Detmold war neben *Pott* noch *Gröppen* gebräuchlich ■.

Es spricht einiges dafür, dass die Franken und Fränkinnen das Wort *Pott* von der Lateinisch sprechenden Bevölkerung übernommen haben; die Römer dürften das Wort selbst wiederum einer anderen Sprache entlehnt haben. Vom Fränkischen aus hat sich *Pott* dann wohl immer weiter ausgebreitet.

»Kohlenpott«: Dieser inoffizielle Name passt in ganz besonderer Weise zum Ruhrgebiet. *Kohlen* steht für den Bergbau, der das Revier einst geprägt hat, während mit *Pott* ein regionalsprachliches Wort gewählt wurde, das aus dem Dialekt stammte, das jede/r hier kannte und das durch seinen Abstand vom Hochdeutschen nach Heimat roch. Das heißt jedoch nicht, dass im Revier das *Düppen (Döppen, Döppe)* unbekannt wäre. In Duisburg versteht man unter einem *Döppen* unter anderem ein ›Sauerkrautfass‹ (aber wer hat heute noch ein solches Fass im Keller?).

Wie viele Zusammensetzungen mit *Pott* mag es im Laufe der Jahrhunderte gegeben haben? Beispiele wären *Blumenpott* und *Pisspott* (Nachttopf) oder *Pottdeckel* und *Pottschnitt. Pottdeckel* sind eigentlich ›Topfdeckel‹, umgangssprachlich werden so aber auch ›Becken‹ (›Paarbecken‹) genannt, die in der Musik als Schlaginstrumente dienen; als *Pottschnitt* bezeichnete man vor noch nicht allzu langer Zeit eine bestimmte Frisur, die sich durch fehlende Raffinesse auszeichnete. Ein *Pottkieker* oder *Pöttekieker* schaut gern auf dem Herd nach, was es zu essen geben wird; kochen lässt er andere. In *Pottsau* und *pottdreckig* schließlich dient das lateinische Lehnwort dazu, das Negative noch einmal zu steigern; *pottschön* gibt es wohl nicht.

Zwei *Pötte* fehlen noch: Der Pokal und der *Kaffeepott*. Der Siegerpokal, nach dem Englischen auch gern als *Cup* bezeichnet, wird von Fußballer*innen in Nordrhein-Westfalen liebevoll-stolz *Pott* genannt. Wenn die Borussia aus Dortmund oder Schalke 04 den Cup gewinnen, dann holen sie also den *Pott* in den *Pott*. Ein *Pott Kaffee* ist deutlich kleiner als so ein Pokal, aber immer noch etwas größer als eine *Tasse Kaffee*. Beides bieten Cafés heute an, beim *Pott* handelt es sich um einen ›Becher‹. Der Englische *pot* geht wie der rheinländische *Pott* aufs Lateinische zurück.

Beim *Kaffeepott* haben sich allerdings die Wege getrennt. Der englische *pot of coffee* wäre mit ›Kaffeekanne‹ oder ›Kaffeekännchen‹ zu übersetzen. Ausländische Besucher im Ruhrgebiet, die einen *Pott Kaffee* bestellen, weil er nicht viel mehr als eine Tasse kostet, werden also enttäuscht sein, wenn ihnen dann nur ein Becher serviert wird.

Literatur: *Cornelissen 2010*
Deutscher Wortatlas 1958
Fellsches 2013
Honnen 2018
Menge 2013

Pott im Kohlenpott
Pott (und Varianten)
Düppen (und Varianten)
Pott/Gröppen
Ibbenbüren
Rheine
Minden
Gronau
Bielefeld
Coesfeld
Münster
Warendorf
Gütersloh
Detmold
Bocholt
Kleve
Haltern
Wesel
Lippe
Paderborn
Werne
Hamm
Recklinghausen
Soest
Bottrop
Dortmund
Warburg
Duisburg
Essen
Ruhr
Arnsberg
Hagen
Krefeld
Wuppertal
Düsseldorf
Plettenberg
Radevormwald
Mönchen-
gladbach
Remscheid
Lennestadt
Heinsberg
Leverkusen
Gummersbach
Köln
Siegen
Aachen
Düren
Siegburg
Bonn
Rhein
Euskirchen
Blankenheim
0
40 km

Platt (Dialekt)

4

Benrather Linie

Jo, moorjens däät isch menge Motte en de Kösch hellefe, alles parat ze maache. [Wie] menge Opa noch lövve däät, däät isch möt demm emme Herringsschloot maache.

Dialekt im Jahr 1986. Es handelt sich um eine Tonaufnahme, die im Anschluss verschriftet wurde (hier in geänderter Schreibung). Der Dialektsprecher, 1955 geboren, erzählt von Heiligabend in seiner Kindheit: »Ja, morgens habe ich meiner Mutter in der Küche geholfen, alles zurechtzumachen. Als mein Opa noch lebte, habe ich mit ihm immer Heringssalat gemacht.«

Aus den fränkischen Wurzeln entstanden im Laufe der Zeit die heutigen Dialekte. Als im Jahr 1876 die sprachgeografische Forschung im Rheinland einsetzte, hatte sich eine Dialektlandschaft entwickelt, wie wir sie heute kennen: mit Gegensätzen zwischen Nord und Süd, zwischen Ost und West und mit zahlreichen zwischenörtlichen Varianten und Nuancen. Das Verb *maache,* das in der Dialektaufnahme oben gleich zweimal vorkommt, spielt für die großräumige Gliederung dieser Sprachlandschaft eine besondere Rolle.

Aus seiner Heimatstadt Düsseldorf verschickte 1876 der junge Dialektologe Georg Wenker einen Fragebogen an die Lehrer im Rheinland. In jedem Schulort sollten die 42 hochdeutschen Sätze dieses Bogens in den örtlichen Dialekt übertragen werden. Bereits im Jahr darauf veröffentlichte Wenker zentrale Ergebnisse seiner Erhebung in einer kleinen Schrift mit dem Titel »Das rheinische Platt«. Sein Lesepublikum wird sich besonders für die Einteilungskarte interessiert haben, die Teil der Publikation war und den Dialektraum zwischen Niederrhein und Mosel zeigte. Dem wichtigsten Phänomen auf der Karte gab Georg Wenker den Namen »Benrather Linie«: Diese (gedachte) Linie gliederte und gliedert die Sprachlandschaft am Rhein in einen Nord- und einen Südteil.

Um zu verstehen, was die Benrather Linie ist, genügt es bereits, sich die Übersetzungen aus zwei Orten in der Nähe Düsseldorfs anzusehen: aus Kaiserswerth und Stürzelberg, der eine Ort im Rechtsrheinischen, der andere links des Rheins. Es ist nicht notwendig, alle 42 Sätze in Augenschein zu nehmen; schon die Sätze 10, 11 und 22 geben Aufschluss darüber, welche Phänomene – allesamt phonetischer Art – Wenker für die Definition der Benrather Linie heranziehen sollte.

In der hochdeutschen Übersetzungsvorlage hatten die Sätze folgenden Wortlaut:

10. Euer Hund hat uns das Fleisch aufgefressen.
11. Habt ihr kein Stückchen Seife auf dem Tisch gefunden.
22. Der ewige Regen soll die Äpfel wohl theuer machen.

Aus Kaiserswerth – der Ort sollte sich auf der Einteilungskarte von 1877 nördlich der Benrather Linie wiederfinden – erhielt Georg Wenker folgende Übertragung (die entscheidenden Wörter unterstrichen):

10. *Öre Honk hätt ons et Fleesch opgefrete.*
11. *Hat ehr ken Stöckske Seep om Desch gefonge?*
22. *Dä ewige Rägen soll die Aeppel woll dührer make.*

Der Lehrer von Stürzelberg, heute zu Dormagen gehörend, notierte 1876:

10. *Öre Honk hätt et Fleesch obfrässe.*
11. *Hatt ehr ke Stöcksche Seef om Dösch fonge?* (gemeint ist *Stöcks-che*, GC)
22. *Dä iwige Rään sall dö Äppel wall düür mache.*

Der Dialekt ist eigentlich eine gesprochene Sprache. Wenn sie geschrieben wird, bieten sich, weil es ja keine »Rechtschreibung« gibt, oft verschiedene Varianten an. So könnte man bei *mache*, wenn der Vokal lang ist, das *a* auch verdoppeln: *maache* (so oben im Heiligabend-Text). Im Folgenden wird aber einheitlich *mache* geschrieben.

Die Benrather Linie tritt in Erscheinung, wenn man erstens *make* und *mache* vergleicht und zweitens *Stöckske* und *Stöcks-che*, *opgefrete* und *obfrässe*, *Seep* und *Seef*. In all diesen Fällen haben die nördlichen Dialekte wie hier das Kaiserswerther Platt einen alten (»fränkischen«) Laut bewahrt: *k*, *t* und *p*. An deren Stelle sind südlich der Benrather Linie *ch*, *s* (oder *z*) und *f* zu hören, als Beispiel dient hier der Stürzelberger Dialekt. Die entsprechenden phonetischen Prozesse werden unter dem Begriff »Lautverschiebung« zusammengefasst. Stattgefunden hat das Ganze in der zweiten Hälfte des ersten Jahrtausends unserer Zeitrechnung.

Die Karte zeigt den Verlauf der Benrather Linie, wie sie sich zu Wenkers Zeiten präsentierte. Die Linie trennt auf der Karte den hellblau eingefärbten Norden vom dunkelblau unterlegten Süden des Rheinlands. Im engeren Sinn trennt die Benrather Linie die Lautvarianten *make* (Nord) und *mache* (Süd). Mit dieser Linie fallen allerdings Hunderte weiterer Lautoppositionen zusammen wie etwa bei ›Stückchen‹ oder ›Woche‹ *(Week – Woch)*, bei ›fressen‹ oder ›Katze‹ *(Katt – Katz)*, bei ›Seife‹ oder ›Schiff‹ *(Schipp – Scheff)* ... Manche der südlichen Varianten reichen etwas weiter nach Norden, aber tendenziell bildet die *make-mache*-Linie die Südgrenze für viele Lautvarianten mit altem *k, t* und *p*. Deshalb ist die Benrather Linie so wichtig.

Ausgehend von der Bezeichnung »Fränkisch« werden die Dialekte nördlich der Linie in der Forschung »Niederfränkisch« genannt, die südlich der Linie angesiedelten Dialekte »Mittelfränkisch«. Diese Zweiteilung ist also das Ergebnis phonetischer Wandelprozesse, die den Norden des heutigen Rheinlands (wie auch die sich in den Niederlanden und in Belgien anschließenden Dialekte) nicht erfasst haben.

Die Karte hat zwei Areale: *make* im Norden und *mache* im Süden. Die Entstehung dieser Gebiete lässt sich damit erklären, dass sich die Menschen (fast) überall an den Dialekten in ihrer Nachbarschaft orientieren. Ist ein Ort von *mache*-Mundarten umgeben, benutzen die Sprecher*innen in dem Ort ebenfalls die Variante mit *ch*. Da im Norden diese Nachbarschaftsregel ebenfalls gilt, hier allerdings zugunsten der Variante *make*, konnten sich Areale, zusammenhängende Flächen, herausbilden. Die Benrather Linie markiert eine Bruchstelle, hier sind diese Regeln außer Kraft gesetzt: So wird eine »Grenze« sichtbar. Dass sich diese noch im ersten Jahrtausend unserer Zeitrechnung entstandenen Lautoppositionen bis heute gehalten haben, ist ohne jede Übertreibung bemerkenswert. Die Benrather Linie prägt bis heute die Dialektlandschaft zwischen Emmerich und Eifel.

Zweierlei ist nachzutragen. In den Dialektproben aus Kaiserswerth und Stürzelberg steht der Buchstabe *g* für den Laut *j*. Das bedeutet, dass in *ewige* oder *iwige* 1876 ebenso wenig ein *g* zu hören war wie in den heutigen Dialekten! Zweitens gibt es bis zum heutigen Tag zahlreiche »unverschobene« Fälle von altem *p* in den Dialekten südlich der Benrather Linie: Das *p* taucht regelmäßig im Silbenanlaut auf, etwa in *Perd* ›Pferd‹, *Ping* ›Pein, Schmerz‹ oder *Pott* ›Topf‹. Andere Beispiele sind *Appel* ›Apfel‹, *Kopp* ›Kopf‹ und *op* ›auf‹ oder auch *Dörp* ›Dorf‹; ein *pf* kennen die Dialekte hier überhaupt nicht.

Das alte *t* hat sich südlich der Benrather Linie in *dat* und *wat* behauptet; es hätte auch zu *s* »verschoben« werden können *(das, was)*. *Dat* und *wat* sind sogar vom Dialekt in die regionale Umgangssprache an Rhein und Ruhr übernommen worden (siehe Karte 15). Satz 10 des Wenker-Fragebogens von 1876 könnte in der heutigen Umgangssprache lauten: *Euer Hund hat uns dat Fleisch aufjefressen*. Und auch *Appel* und *Kopp* kommen im Regiolekt vor.

Der eingangs zitierte Dialektsprecher stammt aus dem *mache*-Gebiet und damit aus der rheinländischen Südhälfte. Seinen Heimatort verrät er zwei Sätze später:

Meddas fuhr esch möt mengem Vatter no-m Decke Tönnes, e Käätzje aanmaache on jet spaziere jonn. Ovves vuhre me wedde zeröck no Ööskersche.

Mittags fuhr der Junge also mit seinem Vater zum »Dicken Antonius«, dort wurde ein Kerzchen entzündet und man ging spazieren. »Abends fuhren wir wieder zurück nach Euskirchen.« Die Wallfahrtskapelle des heiligen Antonius liegt bei Bad Münstereifel.

Literatur: *Das rheinische Platt – Eine Bestandsaufnahme 1989 (S. 310 Zitate)*
regionalsprache.de

Benrather Linie

5

Bükske oder Böjelche

Nach dem ›Büchlein‹ wurde 2011 auf dem Sprachfragebogen 9 des LVR-Instituts für Landeskunde und Regionalgeschichte (ILR) gefragt. Die Ergebnisse dieser Dialekterhebung lassen sich auf der Karte ablesen, auf der jeder Ort, soweit mindestens ein Fragebogen vorlag, mit einem Punktsymbol vertreten ist. Zusätzlich wurde die Benrather Linie *(make – mache)* eingetragen. Was sofort ins Auge sticht: Die Verteilung der blauen ● Symbole *(Bükske)* deckt sich im Wesentlichen mit dem hellblau unterlegten *make*-Gebiet. Südlich der Benrather Linie dominiert *Böjelche* (gelbe ● Symbole). Im Norden ist von der Grundform *Buuk* (oder auch *Book*) auszugehen, im Süden von *Booch*.

Hinsichtlich der Systeme ihrer Verkleinerungsformen unterscheiden sich der Norden und der Süden ganz klar. Am Niederrhein dominiert die Verkleinerungsform *-ke: Ärm – Ärmke* ›Ärmchen‹, *Kopp – Köppke* ›Köpfchen‹, *Auto – Äuteke* ›kleines Auto‹. Es ist das »unverschobene« *k*, das hier wieder begegnet (siehe Karte 4). Eine besondere Gruppe bilden überall im Rheinland die Grundwörter, die auf *g, ng, k* oder *ch* enden. In diesen Fällen wird in den niederrheinischen Dialekten häufig ein *-s-* eingeschoben, zum Beispiel bei *Buuk – Bükske* ›Büchlein‹ oder *Jong – Jöngske* ›Jüngchen‹.

Im südlichen Teil des Rheinlands ist *-che* das »normale« (häufigste) Bildungselement: *Ärm – Ärmche* ›Ärmchen‹, *Been – Beenche* ›Beinchen‹, *Hoot – Höötche* ›Hütchen‹. Die Aussprache lautet oft *-sche: Ärmsche, Beensche, Höötsche* (siehe Karte 37). Nach bestimmten Lauten wird das Suffix *-je* verwendet: *Fass – Fässje* ›Fässchen‹, *Stoff – Stöffje* ›Stübchen‹. Enden die Grundwörter auf *g, ng, k* oder *ch*, ist im Süden mit Formen wie *Böjelche* zu rechnen; dann wird also ein zweisilbiges Bildungselement *(el + che)* verwendet, das oft *-elsche* ausgesprochen wird: *Böjelsche, Jöngelsche* ›Jüngchen‹ oder *Rengelsche* ›Ringlein‹.

An Formen wie *Fässje* schließt *Böchsje* (● auf der Karte) an, das linksrheinisch von Aachen bis nach Neuss belegt ist. *Böchsje* erweist sich als typische Mischform: *Böch + s + je* hat denselben »Aufbau« wie das nördlich benachbarte *Bük + s + ke*, nur dass in *Böchsje* die Verkleinerungssilbe dem südlichen Muster folgt.

Im Bergischen Land sind einige Orte zu finden, deren Dialekte im Grundwort ein *k* haben, aber das südliche Bildungselement *-elchen* (hier mit *-n*) verwenden. So wurden (in der Schreibung der Gewährsleute) für den Raum Remscheid *Büokelschen* und für Kreuzberg *Bäukelchen* gemeldet. Auf der Karte wurden sie dem Typ *Böjelche* zugerechnet.

Jedes Symbol steht für einen Ort. Diese Entscheidung trägt der Vorstellung vom »Ortsdialekt« Rechnung, die davon ausgeht, dass man in den Nachbarorten schon wieder »anders« oder sogar »ganz anders« spricht. Wurde bei der Erhebung für einen Ort nur eine einzige Variante gemeldet oder kam bei mehreren Varianten eine häufiger vor als die andere/n, ist diese kartiert worden. Wenn zwei oder mehr Varianten gemeinsam die erste Stelle einnahmen, erhielt der Ort die Farbe Rosé ●; auf dieser Karte war das aber nur zweimal der Fall.

In der Kartenlegende werden drei Bildungs<u>typen</u> aufgeführt, nicht aber alle Laut<u>varianten</u>, wie sie in den Dialekten zu hören sind; die zahlreichen Varianten werden hier also jeweils einem der drei Typen zugeordnet. Auf den Fragebogen waren beispielsweise zu finden (in der Schreibung der Gewährsleute): *Böckske* (Korschenbroich, Rhein-Kreis Neuss), *Böcksken* (Wald, Solingen), *Böösje* (Bedburdyck, Rhein-Kreis Neuss), *Böjjelche* (Aachen) oder *Büschelsche* (Mützenich, StädteRegion Aachen).

Büksken, Jüngsken oder *bissken:* Formen wie diese kommen heute auch in der regionalen Umgangssprache des Niederrheins vor: *Ich kann dat Büksken nich finden. – Die Jüngskes sin abgehauen. – Geh ma en bissken auf Seite!* Ihr *k* ist das »altfränkische« *k*. Durch solche Formen lässt sich die regionale Umgangssprache im Norden (am Niederrhein) deutlich von der im Süden gesprochenen unterscheiden, was noch Thema der Karten 17 und 18 sein wird.

Literatur: *Schirmunski 1962*

Bükske oder Böjelche

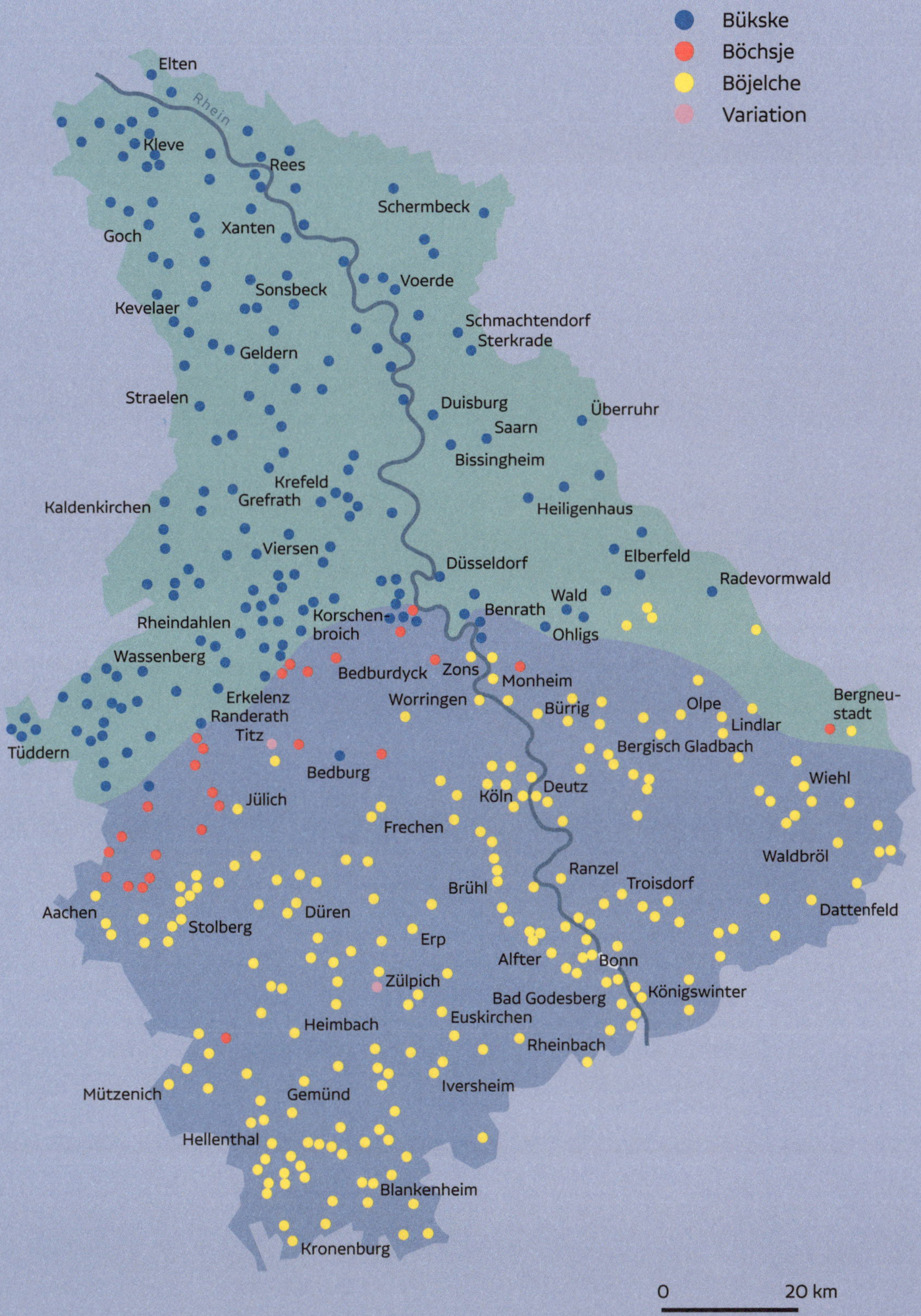

6

äte oder esse

Krefeld liegt viele Kilometer nördlich der Benrather Linie. Im »Krieewelschen«, wie man den Dialekt in dieser Stadt nennt, sagt man *eäte* ›essen‹, das altfränkische *t* hat sich gehalten. Vergleichbare Fälle sind *scheete* ›schießen‹ und *schmiete* ›schmeißen‹, in dieselbe Reihe passen *Faat* ›Fass‹, *Foot* ›Fuß‹ oder *uut* ›aus‹.

Die Dialektkarte basiert auf einem Fragebogen des Jahres 1997. Von den Gewährsleuten wurden damals zahlreiche Lautvarianten genannt, die auf der Karte vier Typen zugeordnet werden: *äte* ● und *äten* ● im Norden, *esse* ● und *essen* ● im Süden. Für das »unverschobene« *t* bildet die Benrather Linie eine Grenze, sieht man von einzelnen Ausnahmen einmal ab. Die Verbformen mit *-n (äten, essen)* sind im Osten des Rheinlands anzutreffen und in der westlichen Eifel (etwa in Kronenburg) sowie im Moerser Raum am linken Niederrhein.

Einzelne Belege (in der jeweiligen Schreibung der örtlichen Gewährsleute):

äte: äte (Goch), *eäte* (Straelen), *eäte* (Krefeld), *äete* (Viersen), *eate* (Mönchengladbach)
äten: äeten (Rheurdt), *ääten* (Moers), *eten* (Heiligenhaus), *eten* (Cronenberg), *ärten* (Gummersbach)
esse: esse (Zons), *ääse* (Jüchen), *eauße* (Inden), *eiße* (Stolberg), *esse* (Bad Godesberg)
essen: äässen (Morsbach), *essen* (Eitorf), *äßen* (Kronenburg)

Zurück zu den niederrheinischen Dialektbeispielen aus Krefeld: *eäte, scheete, schmiete, Faat, Foot* und *uut*. Die Dialekte im Süden des Rheinlands haben in diesen Wörtern ein *s*, beispielsweise in Olpe im Bergischen Land: *essen, scheeßen, schmießen, Fass, Fooß* und *uus*. Da Olpe recht weit im Osten des Rheinlands liegt, gehört das dortige Platt bereits zu den Mundarten, in denen das auslautende *-n* in der Regel nicht getilgt, sondern ausgesprochen wird. Der strukturelle Gegensatz zu den linksniederrheinischen Dialekten wie dem Krieewelschen ist also besonders groß. Aus dem ursprünglichen und im Norden erhaltenen *t* ist im Süden unter bestimmten Bedingungen *ts* (geschrieben *z* oder *tz*) geworden: nördlich *Katt*, südlich *Katz* ›Katze‹, nördlich *schwatt*, südlich *schwatz* ›schwarz‹.

Ganz nebenbei zeigt die Karte auch, welche Dialekte das auslautende *-n* getilgt (● und ●) und welche es behalten haben (● und ●). Ursprünglich wurde dieses *-n* überall einmal gesprochen. Die phonetischen Prozesse, die zu seinem Schwund führten, haben vergleichsweise spät stattgefunden, was die Dialekte des Moerser Raums bezeugen können. Moers ist seit der Reformation protestantisch, während die linksrheinische Umgebung katholisch blieb. Das eigenartige Kartenbild lässt sich wohl so erklären: Als das auslautende *-n* in den Dialekten der katholischen Nachbarorte schwand, haben die evangelischen Moerser*innen am alten Zustand *(äten)* festgehalten. Man könnte in diesem Fall also durchaus von einem »evangelischen *n*« sprechen, das den vorreformatorischen Sprachstand repräsentiert!

Und wie sieht es in der regionalen Umgangssprache des Rheinlands aus? Auf dem Regiolektfragebogen von 2005 wurde den Proband*innen der Satz *Tus du noch wat essen?* angeboten. Es ging eigentlich um die Frage, wo diese *tun*-Konstruktion gebräuchlich ist. Dabei war der Infinitiv in genau dieser mit dem Standarddeutschen identischen Form vorgesetzt worden: *essen*. In den meisten Fällen wurde »Ja« angekreuzt: Dieser Satz ist bei uns zu hören. Wenn die Gewährsleute unter »andere« eigene Konstruktionen eintrugen, verwendeten sie stets *essen*. Es wurden hier also weder Varianten mit *t* (*äten* oder *äte*) noch solche ohne *-n (esse)* als »Korrektur« des vorgefundenen *essen* gemeldet.

Im Regiolekt heißt es unisono *essen*, die Standardsprache gibt die Richtung vor. Wollte man also eine Regiolektkarte für ›essen‹ zeichnen, kämen keine Varianten mehr vor: Das Kartenbild wäre maximal monoton. Die Karte würde in aller Deutlichkeit vor Augen führen, wie strukturelle Gegensätze, die die Dialektlandschaft prägen, im Regiolekt vollständig aufgehoben werden.

Literatur: *ILR-Sprachfragebogen 8 (2005)*
Denst 1999
Webers 2009

ILR-Fragebogen 4 (1997), Frage 7

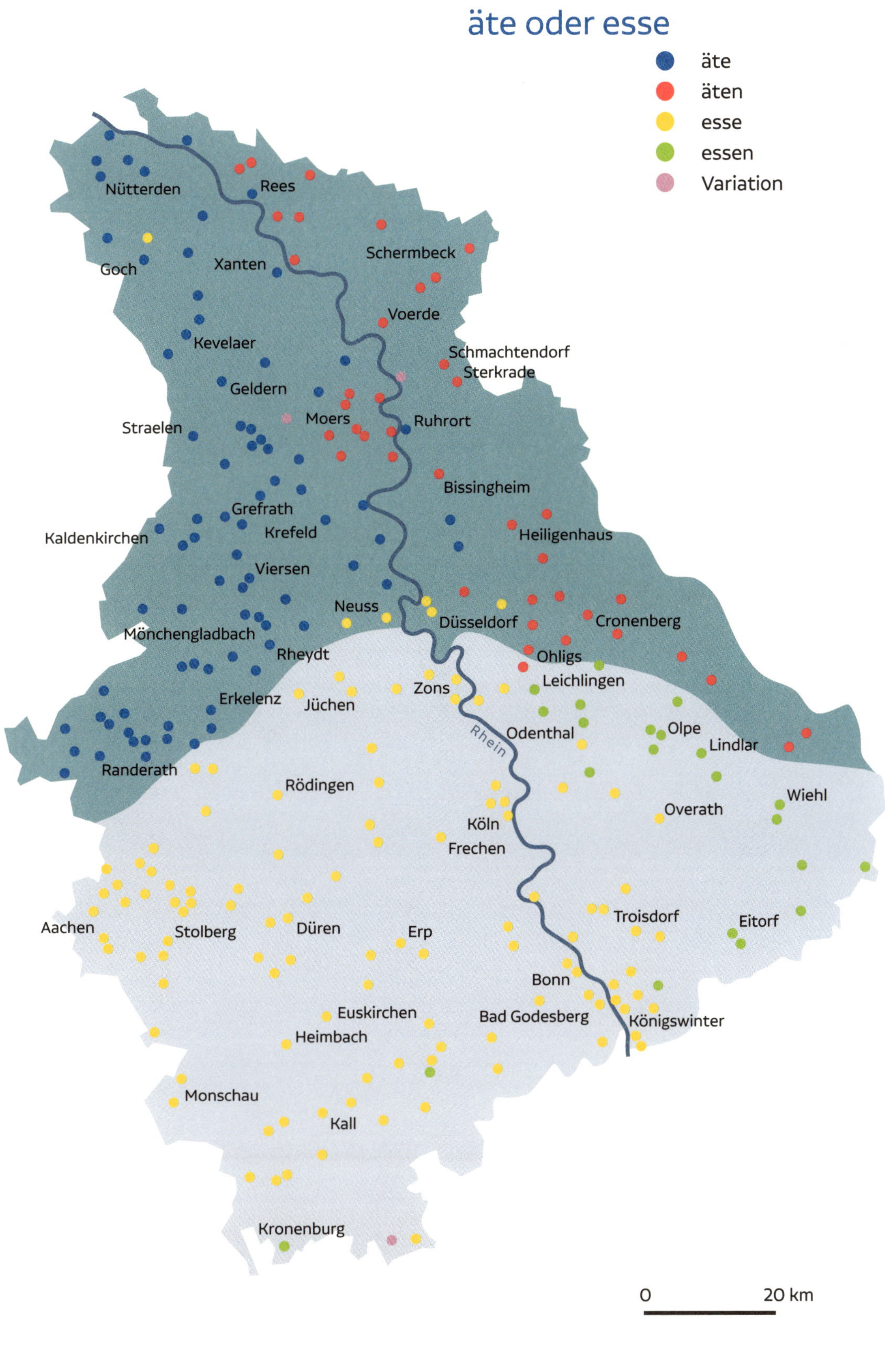

äte oder esse
äte
äten
esse
essen
Variation
Nütterden
Rees
Goch
Xanten
Schermbeck
Voerde
Kevelaer
Schmachtendorf
Sterkrade
Geldern
Moers
Straelen
Ruhrort
Bissingheim
Grefrath
Krefeld
Kaldenkirchen
Heiligenhaus
Viersen
Neuss
Düsseldorf
Cronenberg
Mönchengladbach
Rheydt
Ohligs
Leichlingen
Zons
Erkelenz
Jüchen
Rhein
Odenthal
Olpe
Lindlar
Randerath
Rödingen
Wiehl
Overath
Köln
Frechen
Aachen
Stolberg
Düren
Erp
Troisdorf
Eitorf
Bonn
Bad Godesberg
Königswinter
Euskirchen
Heimbach
Monschau
Kall
Kronenburg
0
20 km

7

Benrath und die Linie

Georg Wenkers erste Dialekterhebung im Rheinland fand 1876 statt (siehe Karte 4). Im Jahr darauf beschrieb er in seiner Schrift »Das rheinische Platt« die Benrather Linie: »Diese geht nördlich von Benrath über den Rhein«. Eine zweite Fragebogenerhebung Wenkers folgte im Abstand von nicht einmal zehn Jahren (1884/85). Der Lehrer von Benrath übersetzte dabei ›rein machen‹ durch »rehn machen«. Das war zu erwarten, schließlich war die Benrather Linie so benannt worden, weil Benrath unmittelbar an der Linie lag und sich durch die südlichen Lautmerkmale (etwa mache) auszeichnete.

Im Raum Düsseldorf und im Raum Neuss, also in Rheinnähe, ist die Benrather Linie allerdings besonders »durchlässig«. Südliche (»verschobene«) Lautvarianten sind hier auch in die Dialekte nördlich der Linie aufgenommen worden. Im Düsseldorfer Platt und in den benachbarten Mundarten etwa sind Varianten wie *Melch* ›Milch‹ oder *schlofe* ›schlafen‹ keine Seltenheit.

Thema der Karte ist die Variation im Falle von ursprünglichem *k: make – mache, Melk – Melch, Mürke – Mürche* ›Mäuerchen‹. Rot eingezeichnet ist der Verlauf der Benrather Linie. Für die Karte wurden die Wenkerbogen von 1884/85 im heutigen Stadtgebiet von Düsseldorf ausgewertet. Je höher eine Säule, umso größer die Anzahl der Wörter mit *k*, wobei zwei Gruppen unterschieden werden: Die Verkleinerungsformen (fünf waren im Fragebogen enthalten) werden dunkelgrün ■ dargestellt, die übrigen Fälle des *k-ch*-Gegensatzes hellgrün ■. Nördlich der Benrather Linie finden sich besonders kleine hellgrüne Säulen in Düsseldorf-Stadt, in Derendorf und Hassels: Hier wurden also recht viele *ch*-Varianten genannt. Bemerkenswert ist auch, dass die niederrheinischen Verkleinerungsformen auf *-ke* viel stabiler waren als die übrigen Wörter, zu erkennen an der Höhe der jeweiligen Säule.

So weit, so gut. Alle Wenker-Fragebogen sind heute im Internet zugänglich. Wer sich dort den Benrather Fragebogen von 1876 anschaut, wird bei Satz 22 ins Staunen kommen. Dort steht: *»Dä iwige Rehn soll de Äppel wall dühr mahken«.* ›Der ewige Regen soll die Äpfel wohl theuer machen‹ hatte die Vorlage gelautet. Der Benrather Schulmeister, der die Übersetzungsvariante mit *-k-* statt mit zu erwartendem *-ch-* zu Papier gebracht hatte, stammte aus Dortmund. Zu vermuten ist, dass er hier einen »Fehler« gemacht hat – den Georg Wenker korrigierte, als er 1877 »Das rheinische Platt« drucken ließ. Auf den beiden Urdenbacher Fragebogen wiederholt sich das Ganze übrigens noch einmal: Der 1876 amtierende Lehrer schreibt *»mahken«*, sein Kollege 1884/85 *»maachen«*. Aber Georg Wenker kannte sich im Raum Düsseldorf gut aus, ihm konnte niemand etwas *vormaken!*

Literatur: *Wenker 1877 (S. 8 Zitat)*
regionalsprache.de

Benrath und die Linie

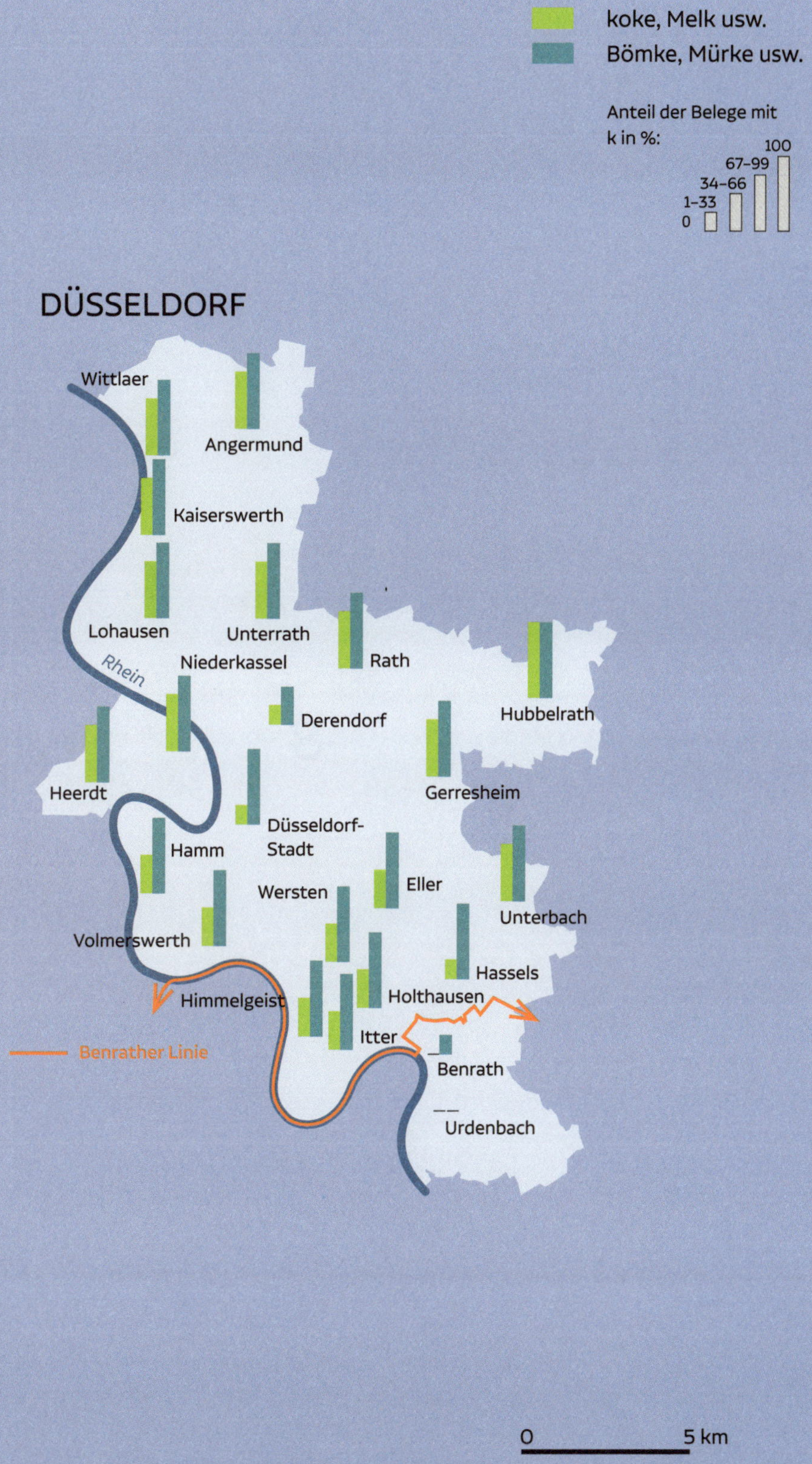

8

Rheinischer Fächer

Beim »Rheinischen Fächer« handelt es sich um ein Liniensystem, das sich fächerförmig aufspreizt und die Dialektlandschaft des Rheinlands gliedert. Im Norden gehört die *make-mache*-Linie, also die Benrather Linie (1), dazu, es folgt die *Dorp-Dorf*-Linie (2), dann die *dat-das*-Linie (3) und schließlich, schon außerhalb des Kartenausschnitts, die *Appel-Apfel*-Linie. Entstanden ist diese Staffelung noch im ersten Jahrtausend unserer Zeitrechnung (siehe Karte 4).

Die *ik-ich*-Linie, auch Uerdinger Linie genannt (a), ist sehr viel jüngeren Datums. Wenn die Sprachlandschaft des Rheinlands insgesamt betrachtet wird, gilt die Uerdinger Linie auch manchmal als nördlichstes Element des Rheinischen Fächers. Außerdem ist zur Abgrenzung vom Westfälischen die Einheitsplurallinie (b) eingezeichnet worden (siehe Karte 1).

Die Dialekte des Rheinlands lassen sich durch ihre bemerkenswerte Nord-Süd- beziehungsweise Süd-Nord-Staffelung charakterisieren. Die Dialekte des Nordens zeichnen sich durch ihre geografische Nähe zu den Niederlanden und ihre linguistische Nähe zum Niederländischen aus. Je weiter man von Kleve aus nach Süden reist, desto schwächer wird die niederländische Färbung der Sprache. Die Dialekte des Südens, hier sind Wiesbaden und Mainz eingezeichnet, teilen bereits vieles mit dem Hochdeutschen. Bewegt man sich von dort nach Norden, bröckeln diese Gemeinsamkeiten immer weiter ab; auf der Karte werden die Türkistöne immer schwächer. Schon im Moselfränkischen, also in Koblenz oder Ahrweiler, sind *dat* und *wat* zu hören, im Ripuarischen dann *Dorp/Dörp* ›Dorf‹ oder *Huus* und *Muus* statt *Hous* und *Mous*.

Die Karte des Rheinischen Fächers ließe sich auch aus Kölner Perspektive kolorieren, sie sähe dann anders aus: Nach Norden nimmt die Ähnlichkeit mit dem Kölschen immer stärker ab und es klingt immer niederrheinischer oder niederländischer; auch zum Süden hin hört es sich immer weniger »rheinisch« an – denn dass das Kölsche nun mal das Zentrum des »rheinischen« Sprachkosmos darstellt, wird in der Domstadt doch mehr oder weniger offen gehandelt. Und tatsächlich gibt es Phänomene, die der sprachlichen Ausstrahlung Kölns zu verdanken sind, man denke an so auffällige konsonantische Veränderungen wie in *Zick* ›Zeit‹ oder *Zigge* ›Zeiten‹: Formen der »Velarisierung«. Deren Verbreitungsgebiet ließe sich mit »in Köln und um Köln und um Köln herum« beschreiben. Der Rheinische Fächer unterschlägt solche Phänomene.

Literatur: *Cornelissen 2019*
Frings 1926
Wenker 1877

Rheinischer Fächer

9

Dörp oder Dorf

Aus dem fränkischen *dorp*, älter *thorp*, ist in den Dialekten *Dörp* geworden, auch *Därp* oder *Darp*. Mancherorts ist *Dorp* zu hören. Ganz im Süden des Rheinlands haben die Dialekte in diesem Wort ein *f*: *Dorf* oder *Dörf*. Die *Dorp-Dorf*-Linie als Grenze zwischen den *p*- und den *f*-Varianten spielt bei der Einteilung der auf das Fränkische zurückgehenden Dialekte eine besondere Rolle (siehe Karte 8).

Die Bundesstadt Bonn liegt unmittelbar an der Grenze von Nordrhein-Westfalen und Rheinland-Pfalz. Als Georg Wenker im 19. Jahrhundert seine Dialektfragebogen verschickte, lag das gesamte Stadtgebiet heutigen Zuschnitts nördlich der *Dorp-Dorf*-Linie. In Satz 37 des Wenkerbogens von 1884/85 kam auch ›Dorf‹ vor. In den heute zu Bonn gehörenden Orten sagte man damals *Dörp*, was auf den Fragebogen manchmal auch *Dörb* geschrieben wurde. Daneben gab es mancherorts eine echte Lautvariante: *Dröp*.

Spannend wird es, wenn man die Namen der Ortschaften einbezieht. Gerade im Raum Bonn »knubbeln« sich Ortsnamen auf ›-dorf‹. Da auf dem Wenkerbogen auch nach dem jeweiligen Ortsnamen auf Platt gefragt wurde, lassen sich diese Namensformen dem *Dörp (Dörb)* oder *Dröp* in Satz 37 kontrastieren; hier die Ergebnisse für fünf Fragebogen:

Buschdorf	*Böischdörp*	*Dörp*
Dottendorf	*Dottendorf*	*Dörb*
Lannesdorf	*Lannesdörb*	*Dröp*
Lengsdorf	*Leisdörb/-dröp*	*Dörp*
Plittersdorf	*Plitteschdorf/-dörb*	*Dörb*

Dottendorf und *Plitteschdorf*: Manche Ortsnamen hatten sich am Ende des 19. Jahrhunderts bereits dem Hochdeutschen angepasst. Und dieser Prozess der Angleichung hat sich im 20. Jahrhundert dann fortgesetzt, wie im Rahmen einer ILR-Fragebogenerhebung 2017/18 greifbar wurde. Ergebnisse dieser Befragung enthält die Karte, die das Grundgebiet der heutigen Stadt Bonn zeigt. Neben *Dörp* ● wurde einige Male *Dorp* ● angezeigt. Nicht selten kam auch *Dorf* ● vor, wobei es 2017/18 nicht um die Ortsnamen, sondern um das ›Dorf‹ im allgemeinen Wortschatz ging. *Dorf* wurde für Bonn-Stadt gemeldet, für direkt angrenzende Stadtteile und auch für einige weiter vom Zentrum entfernt liegende Orte. Es hat den Anschein, als breite sich die Lautvariante *Dorf* ausgehend von der Stadt aus, ein Muster, das in der Dialektforschung gut bekannt ist: zuerst in den Ortsnamen auf *-dorf,* dann im allgemeinen Wortschatz. Man darf auch schlussfolgern, dass in den Bonner Mundarten heute *p-f*-Varianten an der Tagesordnung sind. Wandel findet statt, Wandel schafft Variation. Es lässt sich ausschließen, dass sich *Dorf* im Bonner Stadtgebiet vom Süden her, also von jenseits der *Dorp-Dorf*-Linie, »einschleicht«, dass es sich also um die Orientierung an Nachbardialekten handelt: Das Kartenbild spricht dagegen. Außerdem wäre dann wohl mit *Dörf* und nicht mit *Dorf* zu rechnen.

Literatur: *Debus 1962*
Dittmaier 1979

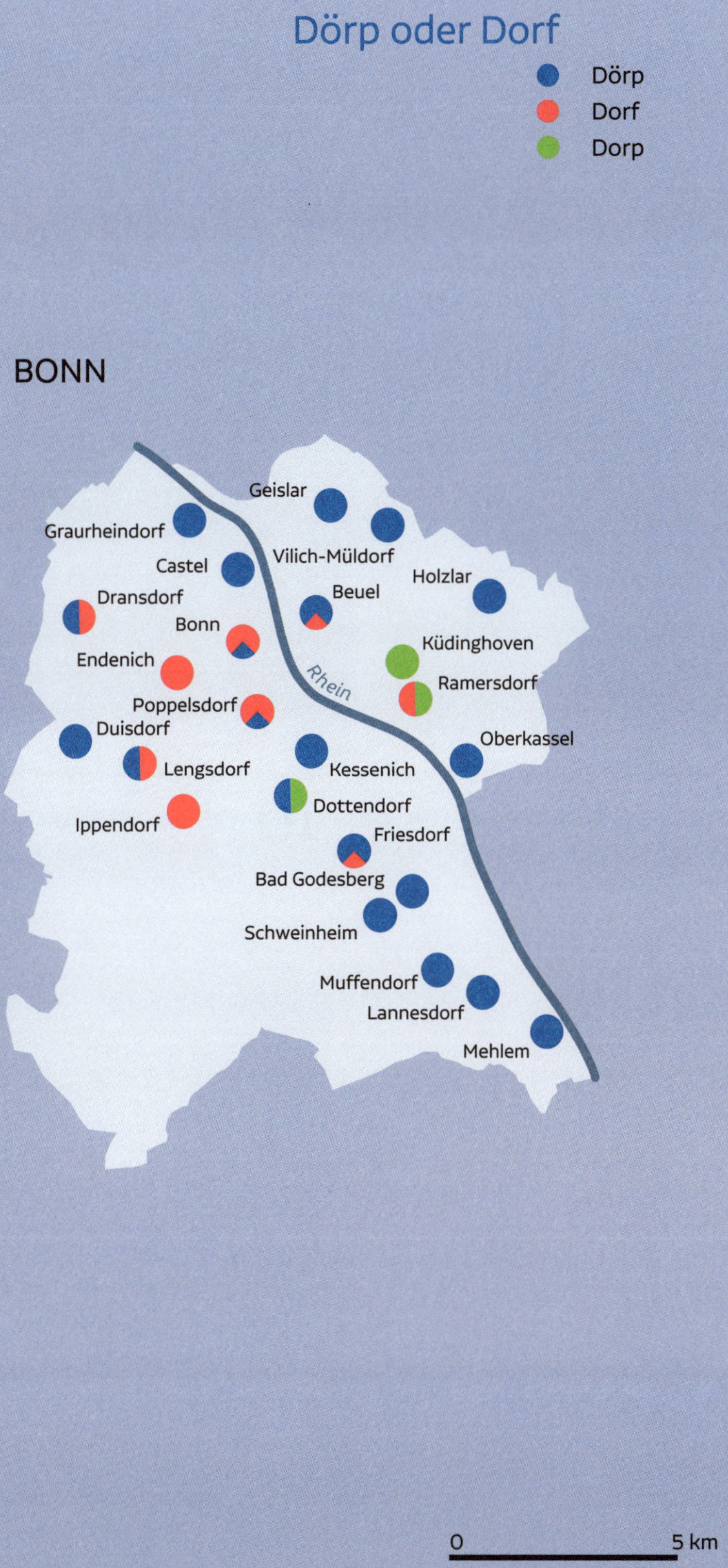
Dörp oder Dorf
Dörp
Dorf
Dorp
BONN
Geislar
Graurheindorf
Vilich-Müldorf
Castel
Holzlar
Dransdorf
Beuel
Bonn
Küdinghoven
Endenich
Rhein
Ramersdorf
Poppelsdorf
Duisdorf
Oberkassel
Lengsdorf
Kessenich
Dottendorf
Ippendorf
Friesdorf
Bad Godesberg
Schweinheim
Muffendorf
Lannesdorf
Mehlem
0
5 km

10

Kleverländisch und Pfälzisch

Einige kleverländische Redewendungen und Lebensweisheiten aus dem 19. und 20. Jahrhundert: *Bäter en Luss in de Pott as gar gen Fleis* ›Besser eine Laus im Topf als gar kein Fleisch‹. – *Hongrige Lüüs bitte schärp* ›Hungrige Läuse beißen scharf‹. – *Wej make wat met – wej komme noch ant Mettworstäte* ›Wir machen was mit – wir kommen noch ans Mettwurstessen‹.

Kleverländisch nennt man den Dialektraum nördlich der Uerdinger Linie (siehe Karte 8). Die hier gesprochenen Dialekte sind die »niederländischsten« Dialekte auf deutschem Staatsgebiet. In sprachgeschichtlicher Perspektive sind es niederländische Dialekte, und der Raum Kleve-Wesel-Geldern-Duisburg hat zudem im Laufe der Jahrhunderte viele sprachliche Eigenarten aus dem Westen übernommen.

Dem Kleverländischen auf deutschem Staatsgebiet ist das »Kleverlands« auf der niederländischen Seite (mit Zevenaar, Nimwegen und Venlo) benachbart. In historischer Sicht bilden beide Gebiete einen zusammenhängenden Dialektraum, dessen Ausdehnung auf der Karte dargestellt ist. Deshalb lassen sich die eingangs zitierten Dialektbeispiele auch problemlos nach den Schreibregeln niederländischer Dialektwörterbücher umschreiben: *Baeter en loes ien de pot as gar geen fleis. – Hongriege luus biete schaerp. – Wij make wat met – wij komme noch ant metworstaete.*

Die brabantischen Nachbardialekte im Westen des Kleverlands sind wie das Standardniederländische durch bestimmte Diphthonge (Zwielaute) geprägt, die aus alten Monophthongen (einfachen Vokalen) entstanden sind. Das Kleverländische hat diese Monophthonge in den meisten Fällen konserviert, etwa bei *Luss* ›Laus‹ oder *bitte* ›beißen‹, niederländisch *luis* und *bijten*.

Mitten im Kleverländischen befindet sich, wie die Karte zeigt, eine Dialektinsel zwischen Goch und Kleve. Entstanden ist sie im 18. Jahrhundert, zu ihr gehören die drei Dörfer Pfalzdorf, Louisendorf und Neulouisendorf. Das älteste davon ist Pfalzdorf, gegründet im Jahr 1741. Damals siedelten sich auf der Gocher Heide Menschen aus der Pfalz (Kurpfalz) an, die eigentlich über die Niederlande nach Amerika hatten auswandern wollen, aber nicht über die Grenze gelassen worden waren. Sie waren evangelisch und blieben »unter sich«, da die Menschen in den Nachbarorten mehrheitlich katholisch waren. Im 19. Jahrhundert wurden dann Louisendorf und Neulouisendorf gegründet.

Eine Dialektprobe aus Neulouisendorf:

> *Fo alle Dinge noom Kriech, no de Front, doo haare mer jo kään Dafel un aach kääne Greffel, un meer hon geschrib, mer sol's net glaave: uf de Schieferdaafle, die von de Kärch, die Schiefer ronnergefall wore, die ho-mer greet, un iejentwer, ich wäs net, wer, hott rausgefunn: We-mer en MKe-Geschoss, die Patron, net abgeschoss, met dä Spitz ho-mer geschreb. Un das lässt sich ausradere, auspotze, das is, also das is tatsächlich woor.*

Eine Frau erzählt von ihrer Schulzeit nach Kriegsende. Als Ersatz für Schreibtafeln benutzten die Kinder Schieferplatten, die vom Kirchdach gefallen waren, und sie schrieben mit Patronen von Maschinengewehren; die Sprecherin sagt *MKe* und nicht *MG; greet* meint ›gekriegt‹. Da es sich um den Mitschnitt einer nicht schriftlich vorbereiteten Geschichte handelt, sind Wortfolge und Satzstruktur sprechsprachlich.

Der »pfälzische« Dialekt dieser drei Dörfer gehört zum Rheinfränkischen, wie es südlich der *dat-das*-Linie gesprochen wird (siehe Karte 8): *»das is, also das is tatsächlich woor«* (siehe oben). Ein größerer Abstand zu den kleverländischen Dialekten am Niederrhein lässt sich nicht denken.

Ob alle Pfälzer*innen die eingangs vorgestellten Wendungen und Weisheiten verstehen? *Bäter en Luss in de Pott* ... wurde im Kleverländischen gesagt, wenn sich jemand mit dem sprichwörtlichen Spatzen in der Hand zufriedengeben musste. Und was bedeutet *Wej make wat met – wej komme noch ant Mettworstäte*? Hier hat man sich einen Dialog vorzustellen: Die erste Person jammert oder klagt und schließt mit den Worten: *Wej make wat met!* ›Wir machen was mit!‹ Darauf wiederholt das Gegenüber diesen Ausruf und ergänzt: *Wej komme noch ant Mettworstäte!* Gespielt wird mit der ersten Silbe von *metmake* und *Mettworst*. Ist das Ironie? Oder ein Ausdruck von Gelassenheit und Zuversicht? Oder bloß Vorfreude aufs Abendbrot – wer weiß.

Literatur: *Cornelissen 1994*
Frings 1926
Honnen/Forstreuter 1994 (S. 95 »Fo alle Dinge«, Schreibung geändert)
Schönberner 1980 (S. 147, 30, 207, 147 Zitate, Schreibung geändert)

Kleverländisch und Pfälzisch

Kleverländisch
Pfälzisch

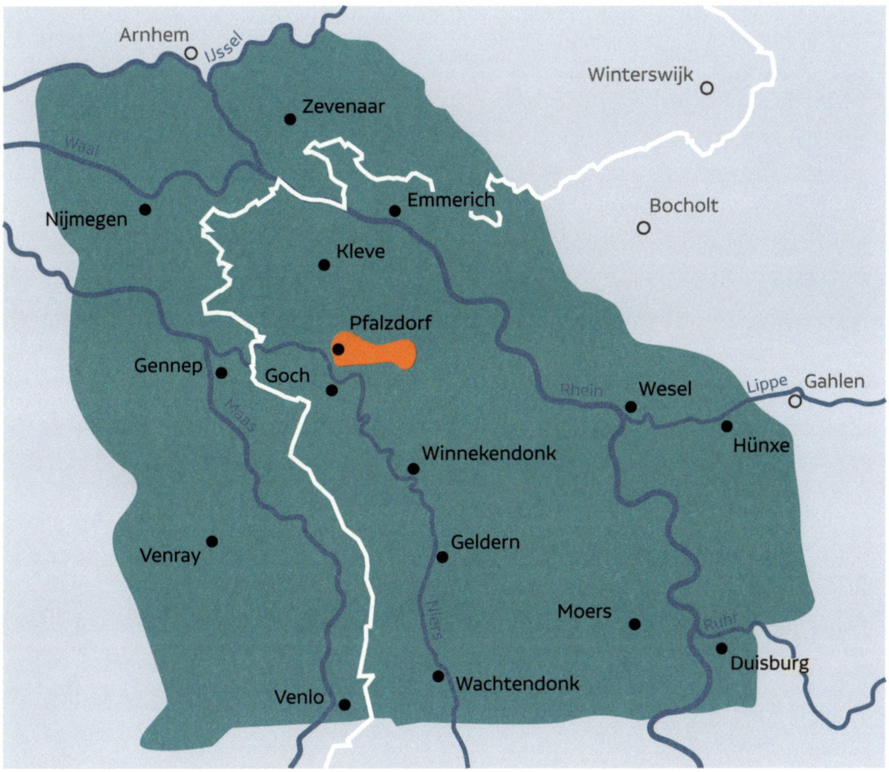

11

bolze oder pöhle

Diese Karte ist die am stärksten »gesprenkelte« im ganzen Atlas. Sie weist acht Farben auf, verzeichnet also sieben Synonyme plus die Sammelkategorie »Variation«. Die Farben verteilen sich recht abwechslungsreich über die Karte, so dass sich Wortareale erst auf den zweiten oder dritten Blick erkennen lassen. Auf dem Dialektfragebogen von 2011 ging es unter Punkt 15 darum, dass Kinder »außerhalb des Fußballvereins« kicken.

Die beiden auf der Karte dominierenden Farben sind Rosé (»Variation«) und Blau *(bolze)*. Die Sammelkategorie ● taucht unter anderem deshalb so oft auf, weil insgesamt so viele verschiedene Bezeichnungen genannt wurden, manche davon nur ein- oder zweimal. Beispiele für recht seltene Vokabeln sind *knuppse* (Donsbrüggen, Kreis Kleve), *balltrecken* (Remscheid-Ehringhausen), *blöttsche* (Tripsrath, Kreis Heinsberg), *tredde* (Brauweiler, Rhein-Erft-Kreis), *lappe* (Leverkusen-Wiesdorf), *rahme* (Bergstein, Kreis Düren), *fumsche* (Barmen, Kreis Düren), *Fußball stueße* (Weiden, StädteRegion Aachen), *katsche* (Aachen-Burtscheid) oder *schlauche* (Troisdorf, Rhein-Sieg-Kreis).

Für Goch war ● einzutragen, weil auf den zehn Fragebogen für diesen Ort *flatze* am häufigsten (siebenmal) genannt worden war. Daneben kam hier dreimal *schüssere* vor, je einmal *balle* und *Ball tecke* sowie *kletsche* und dann auch *bolze* (mit Mehrfachnennungen).

Von allen konkurrierenden Bezeichnungen wird *bolze* am häufigsten genannt, wobei diese blauen ● Symbole vergleichsweise selten im Raum Mönchengladbach und in der Klever Nordwestecke auftreten. In Schleiden nennen alle fünf Gewährsleute *bolze* ohne jede andere Bezeichnung, für Wahlen liegen vier Fragebogen mit demselben Ergebnis vor (beide Orte im Kreis Euskirchen). Von den dreizehn Gewährspersonen für Neuss (Rhein-Kreis Neuss) blieben fünf eine Antwort schuldig, eine schrieb *fummele* und die übrigen sieben notierten *bolze*.

Die Erhebung fand im 21. Jahrhundert statt: Wie mag sich *bolze* im Rheinland (und anderswo) ausgebreitet haben, so dass es heute derart oft vorkommt? Im ersten Band des »Rheinischen Wörterbuchs« wird das Dialektwort *bolze* jedenfalls schon als Teil des fußballerischen Wortschatzes der »Jugend« verzeichnet.

Eine der übrigen Bezeichnungen schließt ans Hochdeutsche an: *Foßball spille* ● im südlichen Rheinland. Im Norden des Niederrheins sagt man gern *futballe* ●, das genauso klingt wie *voetballen* im Niederländischen jenseits der Grenze (*oe* steht für den Laut *u*). Der einstige Import des Fußballsports aus England ist die Erklärung dafür, dass englisch *to kick* auf der Karte als *kicke* ● auftaucht. Mehrfach wurde auch *kickere* genannt.

Penge ● ist ein Dialektwort, das im Raum Mönchengladbach recht oft zu kartieren war. Es wurde beispielsweise in Neuwerk (Mönchengladbach) auf allen 7 Fragebogen festgehalten, daneben zweimal *bolze*. Im benachbarten Viersen lautete das Ergebnis bei ebenfalls 7 Fragebogen: *penge* 4, *bolze* 4 und *fummele* 1 (mit Mehrfachnennungen). *Flabbe* ● wird vor allem im südlichen Rheinland verwendet, so unter anderem in Pier (Kreis Düren, inzwischen umgesiedelt) oder, als *flappe*, in Mechernich (Kreis Euskirchen).

Einige Bezeichnungen, die in der Legende nicht berücksichtigt werden konnten und daher zur »Variation« gerechnet wurden, bilden kleinräumige Areale. Dies sind *flatze* im Raum Goch-Straelen, *kimme* im Krefelder Raum, *katsche* (Aachen), *lappe* (in Rheinnähe zwischen Köln und Bonn) sowie *flatsche* im Raum Euskirchen.

Pöhle ● ist auf der Karte nicht übermäßig oft zu finden. Dagegen scheint umgangssprachliches *pöhlen* bekannter zu sein. Es sind schon verschiedene Erklärungsversuche für dieses Wort vorgetragen worden, aber vielleicht war es ja so: Als das Fußballspiel aufkam, tauchte *»pöhle/n«* im Namen einiger Kinderspiele auf: im Rheinland zum Beispiel *den Bär pöhlen, Mutte pöhlen, Dotze pöhlen*. Auch das Werfen von Steinen oder Stöcken (etwa nach Nüssen in den Bäumen) wurde *pöhle/n* genannt. Wenn es so war, könnte ›Fußball spielen‹ im 19. Jahrhundert *Ball pöhle/n* geheißen haben. Aber vielleicht orientierte sich das Rheinland in diesem Fall auch an Westfalen. In den dortigen Mundarten kann *pöhlen* unter anderem »schlagen, schwere schallende Hiebe austeilen«, »heftig werfen«, »treten« oder »hastig und ungestüm laufen« bedeuten. Dass fußballerisches *Pöhlen* heute als typisch für das Ruhrgebiet gilt, »passt«.

Viele Menschen im Rheinland werden zwei oder auch mehr Bezeichnungen kennen und benutzen, so dass mit individueller Variation und mit innerörtlich konkurrierenden Wörtern für das Kicken zu rechnen ist. Die Gewährsperson für Überruhr (Essen) zählte allein vier Synonyme auf: *fletschen, höschen, flatschen* und *pöhlen!* Für Schneppenbaum (Kreis Kleve) notierte jede*r der vier Gewährsleute ein anderes Wort: *bolze, Fußball spöhle, pöhle, flatze*. In Dürwiß (StädteRegion Aachen) kamen zwei Personen auf drei verschiedene Bezeichnungen: *fummele, bolze, ratsche*. Auch für die Bonner Innenstadt wurden drei Synonyme gemeldet, hier allerdings von insgesamt vier Informant*innen: *spille, bolze* (2) und *kniggele*.

Zwei Dinge fallen auf: Erstens enden nicht wenige der Dialektwörter, die im Rheinland fürs Fußballspielen gewählt wurden, auf *-sche(n), -ze(n)* oder *-se(n): blöttsche, flatsche(n), fletschen, fumsche, höschen, katsche, ratsche* sowie *bolze(n), flatze* und *knuppse*. Zweitens wurden offenbar zahlreiche Verben herangezogen, die ›schlagen‹, ›stoßen‹, ›werfen‹ oder ›schleudern‹ zu ihren Bedeutungen zählten. Man denke an den *Abschlag* oder an den *Strafstoß*, zwei Fachtermini aus der hochdeutschen oder offiziellen deutschen Fußballfachsprache!

Eine andere Dialektkarte mit »gesprenkeltem« Muster ist die Karte zum Wortgeschlecht von *Zellerey/Sellerie* (siehe Karte 44), wenn dort auch lediglich drei Varianten miteinander konkurrieren.

Der ILR-Sprachfragebogen 10 von 2012 war auf den Regiolekt ausgerichtet und enthielt wortgleich die Frage zu den »außerhalb des Fußballvereins« miteinander kickenden Kindern, die ein Jahr zuvor auf dem Dialektfragebogen zu finden war. Der Vergleich zwischen den Ergebnissen beider Erhebungen lässt die Entwicklungslinien erkennen.

Dabei dürfen wir wohl davon ausgehen, dass die schier unüberschaubare Synonymik auf der Dialektkarte von 2011 bis ins 19. Jahrhundert zurückreicht. Als die Jungs und die jungen Männer damals anfingen, nach englischem Vorbild Fußball zu spielen, hatten sie noch keine eigene Bezeichnung für den neuen Sport. Doch das Problem war schnell gelöst: In Mönchengladbach nahmen sie das Dialektwort *penge*, in Krefeld *kimme*, im Raum Düren *flabbe*, anderswo *schüssere* oder *blöttsche*. Damals sprachen alle noch Platt, so dass es nahelag, dass die örtliche Alltagssprache auch eine Bezeichnung für das neue Ballspiel lieferte.

Geht man von der Altersgruppe 45–64 Jahre aus, so sind im heutigen Regiolekt die alten Dialektwörter weiterhin fassbar, darunter *bolzen, pöhlen, flabben* und *pengen*. (jetzt mit *-n*, siehe Karte 6). Viele junge Leute werden dagegen heute nur noch »Bahnhof« verstehen, wenn sie lokale und regionale Bezeichnungen wie *pengen, flabben* oder *flatzen* hören; bei *bolzen* ist es anders. Dafür kennt die Jugend, wie sich bei der Auswertung der Erhebung für die 16 bis 24 Jahre alten Personen zeigte, heute *zocken* in der Bedeutung von *bolzen* und *pöhlen*. Mit *zocken* verbinden Ältere ›am Glücksspiel teilnehmen‹ oder ›am Computer spielen‹. Wenn junge Leute heute *zocken*, können solche Spiele gemeint sein; möglich ist jedoch auch, dass es sich bei ihrem Tun ums *Kicken* handelt.

»Ich glaube, man sieht mir an, dass es mir Spaß macht, mit den Jungs zu *zocken*.« Dieses Zitat stammt von einem damals für Bayer Leverkusen spielenden Profifußballer, zu finden war es 2019 in einer überregionalen Tageszeitung. Es zeigt dreierlei: *Zocken (= kicken)* ist längst Bestandteil der deutschen Fußballsprache, es ist nicht auf das Rheinland beschränkt (die Tageszeitung erscheint in München) und kann sowohl das *Bolzen* der Kinder »außerhalb des Fußballvereins« als auch das Spielen auf höchstem Bundesliganiveau meinen: Die »Jungs«, über die der Fußballer hier spricht, sind seine Kollegen im Verein.

Pöhlen oder *bolzen* sind Bezeichnungen, die auch das Ungeschickte im Fußballsport hervorheben können. Eine Mannschaft, die *bolzt* oder *pöhlt*, drischt den Ball unkontrolliert weg, ist technisch nicht versiert und versagt im Spielaufbau. Aber Wörter können schillern. Zeigt sich dann ein Bundesligatrainer mit einer Kappe, auf der *»Pöhler«* zu lesen ist (wie im westfälischen Dortmund geschehen), heißt das ganz sicher nicht, dass seine Jungs auf dem Stadionrasen miserabel *zocken*.

Literatur: *ILR-Sprachfragebogen 10 (2012) (für den Regiolekt)*
Atlas zur deutschen Alltagssprache, Runde 4 (Karte)
Eichhoff 1977–2000, Band 3 (Karte 30)
Honnen 2018
Rheinisches Wörterbuch 1928–1971, Band 1 (Sp. 864 »Jugend«), Band 6 (Sp. 655 pöhle, Schreibung geändert)
Süddeutsche Zeitung vom 19. Februar 2019 (Zitat)
Westfälisches Wörterbuch 2018, Band 4 (Sp. 473 »schlagen«)

bolze oder pöhle

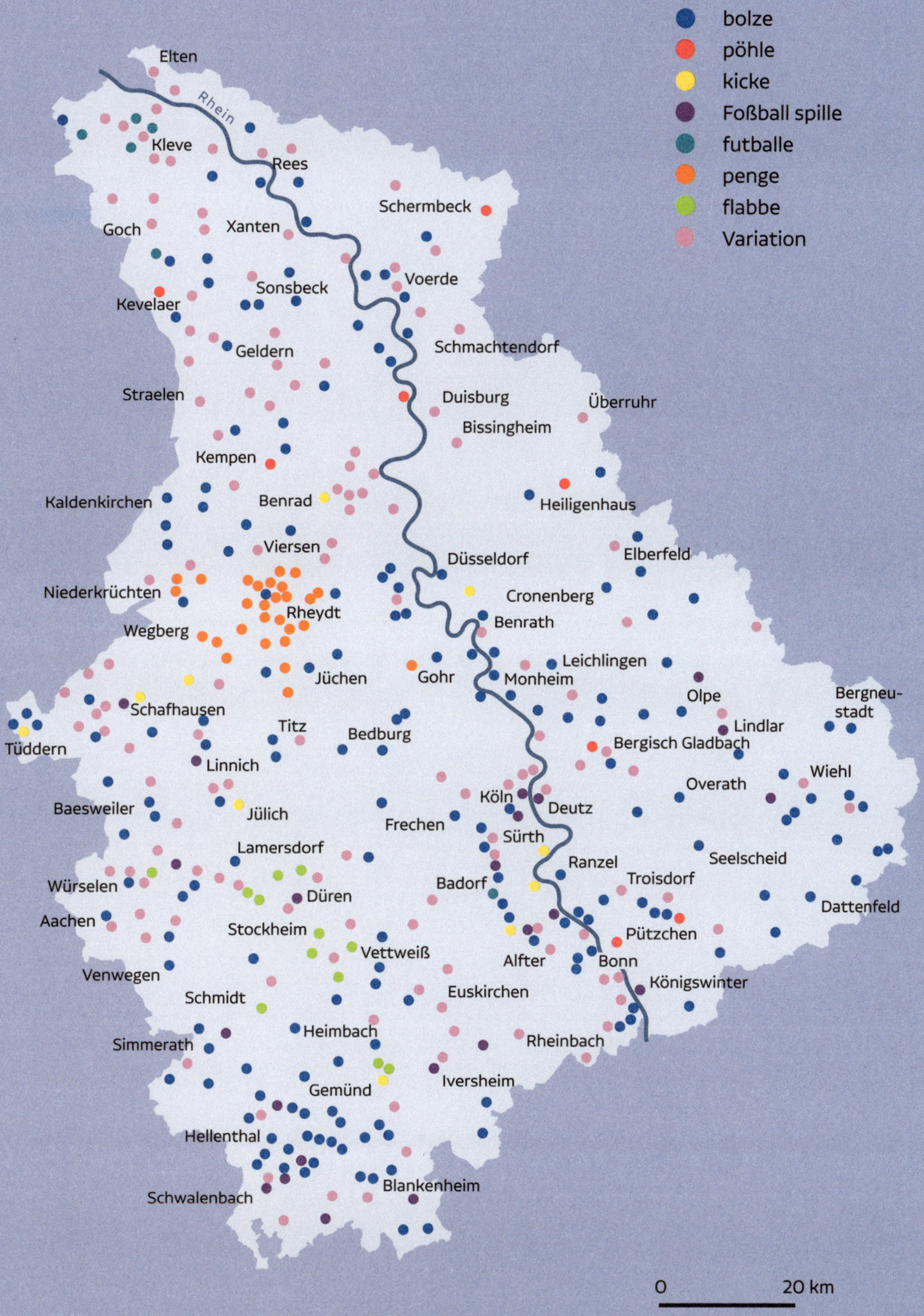

12

Taisch oder Täsch

Hochdeutsch *Tasche* und rheinländisch *Täsch* (mit zahlreichen Lautvarianten) gehen auf dieselbe Wortwurzel zurück – auf welche, das hat die etymologische Forschung allerdings bislang nicht zu klären vermocht. Thema der Karte ist die räumliche Verbreitung der Lautvariante *Taisch* ●, die sich aus *Täsch* entwickelt hat. Das Material entstammt dem ILR-Fragebogen 4 von 1997. *Taisch* ist demnach im Westen des Rheinlands großflächig verbreitet, sein Areal erstreckt sich von der Eifel (Prüm) bis nach Heinsberg. Ferner waren *Taisch*-Belege am Niederrhein (in den beiden Nachbarorten Grefrath und Hinsbeck) und an der unteren Sieg (in Bergheim/Sieg und Eitorf) zu berücksichtigen. Das Kartenbild sieht ganz danach aus, als sei *Taisch* einmal weiter verbreitet gewesen: Möglicherweise gehörten Grefrath, Prüm und Eitorf früher zu einem zusammenhängenden *Taisch*-Gebiet.

Taisch ist aus *Täisch* entstanden, *Täisch* wiederum aus *Tääsch*. Diphthongierung nennt man einen solchen Prozess, an dessen Anfang ein einfacher Laut (ein Monophthong) steht, der sich zu einem Zwielaut (Diphthong) entwickelt. So ist auch das *öu* in *Löufel* ›Löffel‹ aus *Lööfel* entstanden. Diphthongierungen dieses Musters sind an bestimmte Folgelaute gebunden: Anzutreffen sind sie vor folgendem *-sch*, *-s*, *-ch* und *-f*.

In Eschweiler bei Aachen konnten sich die Gewährsleute im Jahr 1997 noch an alte, für sie teils schon veraltete Lautvarianten erinnern:

äuße/aiße – jünger *esse* ›essen‹
Bäußem/Baißem – jünger *Bässem* ›Besen‹
Läufel/Laifel/Löufel – jünger *Löffel* ›Löffel‹
Schlöußel/Schlöißel – jünger *Schlössel* ›Schlüssel‹

Statt *Bäußem* könnte man vielleicht auch *Bävßem* schreiben, statt *Löufel* auch *Lövfel*, so fremd klingen (oder klangen) manche dieser Zwielaute. Doch heute sind sie immer seltener zu hören, sie werden durch die einfachen Varianten (*Täsch*, *Bässem*,

Löffel) ersetzt. Die Karte stellt eine Momentaufnahme für das Jahr 1997 dar, wobei eher die Bekanntheit als die tatsächliche Verwendung im Alltagsdialekt dokumentiert worden sein dürfte.

Auf dem Dialektfragebogen 11 wurde 2017/18 ein zweites Mal nach ›Tasche‹ gefragt. *Taisch* wurde von den Gewährsleuten immer noch gemeldet, es gab sogar Belege für weitere Orte. Wollte man sie in die Karte eintragen, würde sich das linksrheinische *Taisch*-Gebiet näher an Bonn heranschieben: Auch für Fritzdorf wurde *Taisch* gemeldet, ebenso für Hersel, das gegenüber von Bergheim/Sieg am anderen Rheinufer liegt. Im Rechtsrheinischen kommen Oberpleis und Hüscheid (bei Königswinter) hinzu; außerdem wären östlich von Eitorf einige Orte in der Gemeinde Windeck mit der dipthongischen Variante zu berücksichtigen (Hoppengarten, Dattenfeld, Leuscheid). Dort kennt man die zweisilbige Variante *Taische*.

Die übrigen Dialektvarianten sind nur schematisch in die Karte eingezeichnet worden: Der Norden hat *Täs* (niederländisch *tas*). Etwa ab der Höhe von Wesel benutzen die Dialektsprecher*innen die Form *Täsch*, die dann über Mönchengladbach, Düsseldorf, Köln und Bonn hinaus bis in die Eifel bekannt ist. Zwischen Bonn und Koblenz kennt man die Variante *Tösch*. Südlich des *Taisch*-Gebietes schließlich kommen *Täsch* und *Tasch* nebeneinander vor. Für die Karte wurde der Variantenreichtum vereinfacht. So handelt es sich bei dem *ä* in *Täsch* vielfach um einen Langvokal: *Tääsch*. Im Osten wurde die zweisilbige Variante *Täsche* nicht gesondert eingetragen und *Täsch* zugeordnet. Neben *Täsch* wäre für einige Orte auch *Tasch* zu melden gewesen; im *Tösch*-Gebiet kommen auch *Täsch* und *Tasch* vor. Thema der Karte aber war das Verbreitungsgebiet von *Taisch*.

Obwohl Lautformen wie *Taisch, Knauche* oder *Schlöißel* älteren Leuten immer noch bekannt sind: Das Verbreitungsgebiet dieser Lautphänomene schrumpft, ihre Verwendung im Alltag nimmt ab. Varianten, die im Dialekt derart unter Druck stehen, werden kaum eine Chance haben, in die regionale Umgangssprache aufgenommen zu werden. *Tasche, Knochen, essen, Löffel* oder *Schlüssel* dürften deshalb die Lautvarianten in der Umgangssprache des Rheinlands sein, so dass in dieser Hinsicht Regiolekt und Hochdeutsch zur Deckung kommen.

Literatur: *ILR-Sprachfragebogen 11 (2017/18)*
Cornelissen 2000
Müller 1912
Münch 1904

Taisch oder Täsch

- Taisch
- Pfälzische Mundartinsel

1 Benrather Linie
2 Dorp-Dorf-Linie
3 dat-das-Linie
a Uerdinger Linie
b Einheitsplurallinie

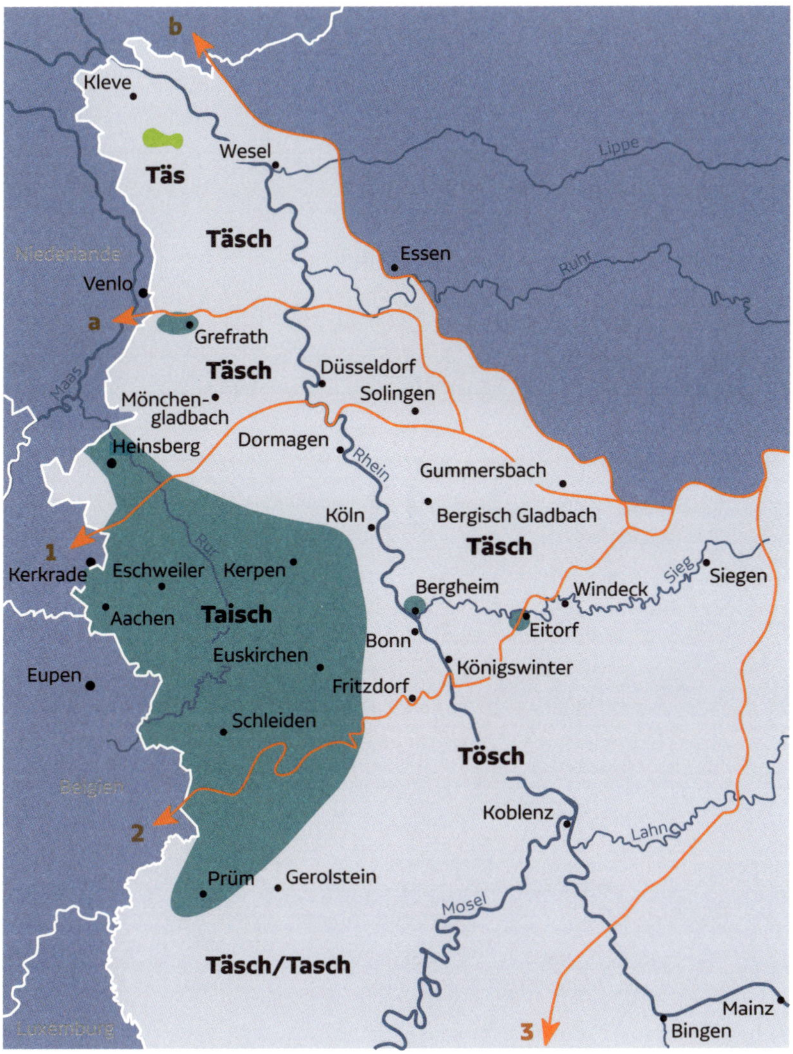

0 20 km

13

Westdeutsch

Eine neue und für das Rheinland sehr überraschende Gliederung der Dialekte wurde 2013 vorgelegt. Darin spielt die Benrather Linie zwischen Aachen und dem Bergischen Land keine Rolle.

Bei den traditionellen Einteilungskarten, orientiert an der Benrather Linie, sind die Dialekte in Nord und Süd geteilt. Der Norden, das Gebiet nördlich der Linie, wird »Niederdeutsch« genannt, während der Süden in »mitteldeutsche« und »oberdeutsche« Dialekte gegliedert ist, die unter der Bezeichnung »hochdeutsche Dialekte« zusammengefasst werden. Das Rheinland zerfällt dabei in zwei Hälften (siehe Karte 4). Die nördlichen Dialekte sind heute in Nordrhein-Westfalen durch die »Europäische Charta der Regional- oder Minderheitensprachen« geschützt, die südlichen Dialekte, etwa Kölsch, nicht. Das Land NRW hat in diesem Zusammenhang 2019 den »Beirat für die niederdeutsche Sprache und Heimat« ins Leben gerufen, er widmet sich den Dialekten nördlich der Benrather Linie.

Alfred Lamelis neuer Ansatz spart die Benrather Linie im Rheinland aus. Auf seinen Karten erscheint stattdessen ein »westdeutscher« Dialektraum, der vom Niederrhein bis nach Siegen, Koblenz und Saarlouis reicht ■. Die Daten, die Lameli dafür ausgewertet hat, entstammen wiederum den Fragebogen Georg Wenkers; neu sind dabei seine Berechnungsmethoden und sein »arealtypologischer« Ansatz.

Viele rheinländische Dialektsprecher und Dialektsprecherinnen werden bei diesem Kartenbild zustimmend nicken: Denn dass die Dialekte von Köln und Aachen auf der einen und von Düsseldorf und Mönchengladbach auf der anderen Seite zu zwei verschiedenen Hemisphären gehören sollen (Nord und Süd, Niederdeutsch und Hochdeutsch), muss ja nicht unbedingt einleuchten. Bei der neuen Einteilung werden die Dialekte dieser Städte allesamt zum »Westdeutschen« gerechnet. Ambivalent ist nur die Situierung des nördlichen Niederrheins: Es geht um die Kreise Kleve und Wesel. Mal werden sie auf den Karten in Lamelis Werk zum Westdeutschen gerechnet, mal zum Niederdeutschen ■. Dafür wurde hier die Schraffur ■ gewählt.

Bei seinen arealtypologischen Berechnungen hat Alfred Lameli kreisfreie Städte und Kreise als kleinste Raumeinheiten zugrunde gelegt. So erklärt sich unter anderem der Verlauf der Ostgrenze und der Südgrenze für das Westdeutsche: Sie sind identisch mit den östlichen und südlichen Kreis- und Stadtgrenzen der betreffenden Einheiten.

Das schraffierte Gebiet im Norden des Rheinlands deckt sich in weiten Teilen mit dem Kleverländischen (siehe Karte 10), dessen dialektale Sonderstellung einmal mehr unterstrichen wird. Dadurch schiebt sich auch die Uerdinger Linie in den Blick (siehe Karte 8).

Literatur: *Lameli 2013*

Westdeutsch (nach Lameli 2013)

14

Land der tausend Dialekte

Wie viele Dialekte hat das Land Nordrhein-Westfalen? Eine Zählung ist noch nicht versucht worden. Immerhin gehen die Dialektsprecher*innen in vielen Teilen des Landes davon aus, dass in ihrem Ort ein anderer Dialekt gesprochen wird als in den Nachbarorten. Ein »Dialekt« wäre mithin ein Ortsdialekt. Und NRW ist ein besonders großes Bundesland mit besonders vielen Ortschaften.

»Land der tausend Dialekte« ist zunächst eine Metapher: NRW hat viele und für den Einzelnen unüberblickbar viele Dialekte. Auf der Karte ist diese Metapher in ein Kartenbild umgesetzt worden: Unüberblickbar viele Punkte sollen die Orte in Nordrhein-Westfalen visualisieren – wobei auf der Karte die Zahl von tausend Ortspunkten sehr weit überschritten wird.

Die Farben der Ortspunkte stehen für die Dialekträume des Landes. Am Niederrhein (orange, gelb) sind es drei: Kleverländisch ■, Südniederfränkisch ■ und Ostbergisch ■. Innerhalb des Kleverländischen hebt sich die Dialektinsel ab, die schon Thema gewesen ist (siehe Karte 10). Südlich der Benrather Linie schließen sich Ripuarisch ■ und Moselfränkisch ■ an. Das Westfälische (in Blautönen) ist in vier Dialekträume untergliedert: Westmünsterländisch ■ und Münsterländisch ■ sowie Ost- ■ und Südwestfälisch ■. Im Südosten trennt die Benrather Linie das Westfälische von den moselfränkischen Dialekten ■ des Siegerlandes und den rheinfränkischen Mundarten ■ des Wittgensteiner Landes.

Als überall noch Dialekt gesprochen wurde, hatten alle Dialektsprecher*innen Sprachkarten im Kopf. So wussten sie beispielsweise, wenn ihr Heimatort in der Nähe der Benrather Linie lag, in welchen Nachbarorten die Menschen *eäte* oder *esse* sagten (siehe Karte 6). Waren sie an der Erft beheimatet, konnten sie angeben, welche Nachbardialekte *Taisch* und *Knauche* und welche *Täsch* und *Knoche* hatten (siehe Karte 12). Für die Menschen im Raum Viersen war klar, welcher Nachbardialekt den letzten Werktag der Woche *Sorschtig* oder *Soterdig* nannte und wo man *Samstig* oder *Samsdag* sagte (siehe Karte 46).

Die sprachliche Orientierung im Raum nahm jedoch mit wachsender Entfernung zum Heimatort ab. Ob Lennep nun diesseits oder jenseits der Uerdinger Linie lag, konnte im benachbarten Remscheid wohl jede/r angeben, in Mettmann oder Heiligenhaus wahrscheinlich schon nicht mehr. (Die Uerdinger Linie verläuft zwischen Remscheid, *ech*, und Lennep, *ek*. Die Bezeichnung »Uerdinger Linie« selbst war natürlich nur einigen wenigen bekannt.)

Der Verlust der Dialekte ging einher mit der zunehmenden Verwendung der Regiolekte in der Funktion als Alltagssprache. In den Regiolekten kommen viele der kleinräumigen und der lokalen Besonderheiten nicht mehr vor. *Taisch* und *Tääsch* werden durch *Tasche* (vielleicht auch *Tasch*) ersetzt, *Sorschtig* und *Samstig* durch *Samstag (Samstach)* (siehe Karte 47). Unterscheidbar bleiben auf dieser Sprachebene vielleicht die Regionen. Viele Laut-, Formen- oder Wortkarten aber erübrigen sich; sie wären einfarbig.

Literatur: *Cornelissen/Denkler 2018*
Twilfer 2012

Land der tausend Dialekte

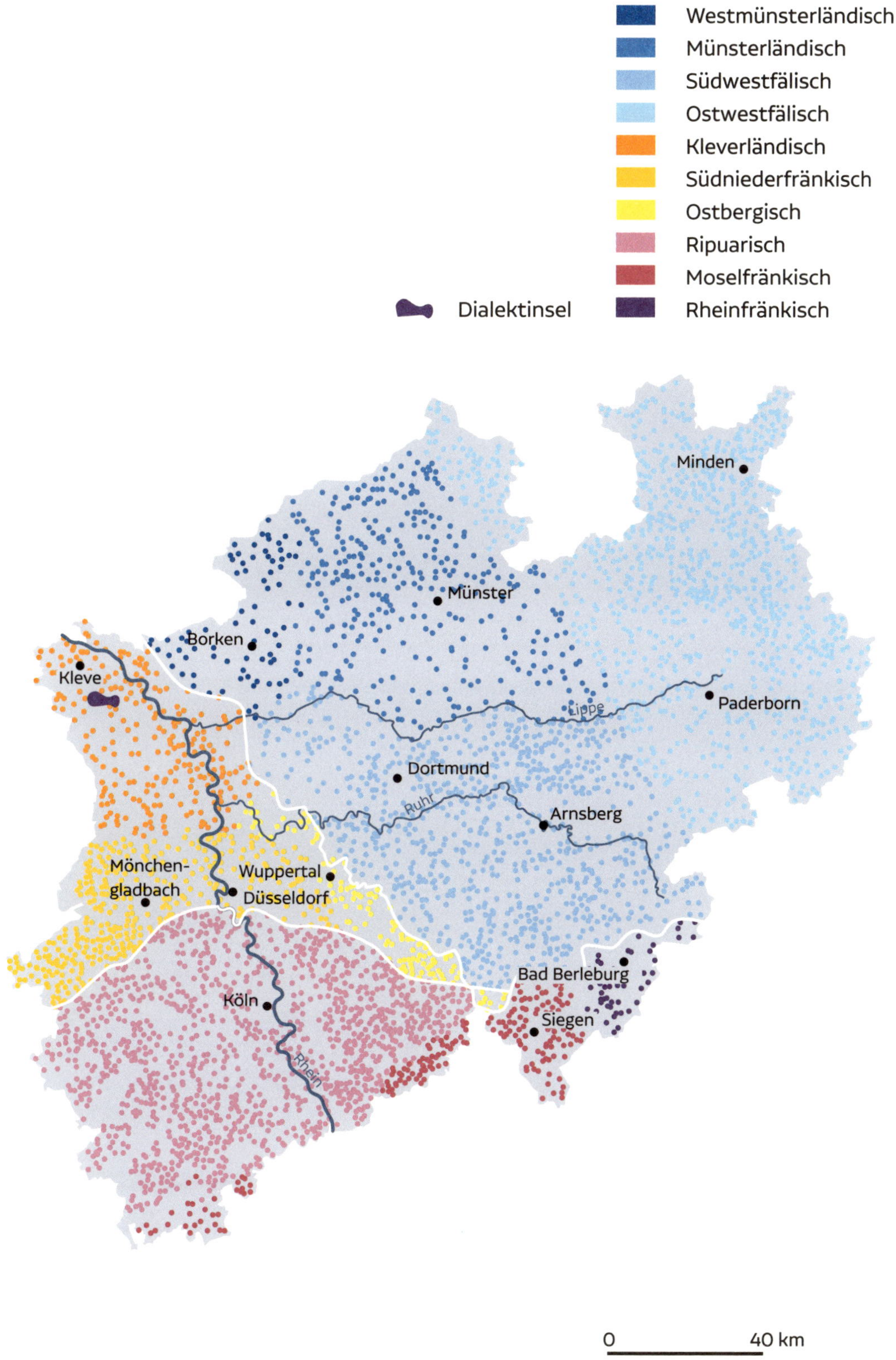

Regiolekt (regionale Umgangssprache)

15

dat und wat

»Sprachwahl« ist ein zentraler Begriff, wenn es um die regionale Umgangssprache geht. Mit wem wir wie sprechen beziehungsweise mit wem wir wie nicht sprechen, das können wir in vielerlei Hinsicht steuern. Ob wir nun sagen *Dat will ich nich* oder *Das will ich nich* oder *Das möchte ich nicht:* wir haben es in der Hand. Sobald ich *dat* und *wat* wähle, entscheide ich mich dafür, mein Höchstdeutsch im Koffer zu lassen. Und mein Gegenüber versteht das sofort.

Wer den Satz *Dat will ich nich* benutzt, spricht Regiolekt, also eine regional gefärbte Umgangssprache. Die Regiolekte weisen an Rhein und Ruhr eine viel größere Nähe zum Hochdeutschen als zu den Dialekten auf, es sind »standardnahe« Umgangssprachen. Ein zweites Merkmal ist, dass zwischen dem Platt auf der einen Seite und Regiolekten/ Hochdeutsch auf der anderen keine »kontinuierlichen« Übergänge bestehen, so dass Dialekt und Regiolekt nirgendwo miteinander verwechselt werden können.

Auf dem ersten Regiolektfragebogen des ILR lautete der allererste Satz: *Lass mich dat Bild mal kucken!* Ankreuzen konnten die Gewährsleute: »Ja, so ist hier auch zu hören.« Oder: »Nein, hier hört man eher: ...«. Der Artikel *dat* wurde überall bestätigt, entweder durch ein Kreuzchen bei Ja oder durch den ergänzenden Eintrag in der zweiten Zeile. Remscheid scherte aus; man braucht deshalb aber nicht an der Existenz von *dat* in der Umgangssprache Remscheids zu zweifeln. Bei der Karte handelt es sich um eine Kombinationskarte, für die die Ergebnisse zweier Fragen unterschiedlicher Fragebogen zusammengefügt wurden: *dat* und *wat* sind im Rheinland (beinahe) flächendeckend verbreitet.

Beide Wörtchen sind Dialektrelikte und Bestandteile fast aller Dialekte im Rheinland. Ausnahmen bilden die drei Dörfer der pfälzischen Dialektinsel am Niederrhein (siehe Karte 10); *dat* in den heutigen Regiolekten und Dialekten geht letztlich auf altfränkisches *dat* (oder: *that*) zurück, entsprechend das heutige *wat* auf fränkisch *uuad* (oder: *wat*) (siehe Karte 8).

Im Jahr 2015 erschien der erste Band des »Norddeutschen Sprachatlas«. Seine Karten beziehen im Südwesten noch Oedt und Bracht mit ein, beide Dörfer liegen im Kreis

Viersen. Im hohen Norden reicht der Atlas bis nach Schleswig-Holstein. Am Niederrhein werden außer den beiden genannten Orten auch Kranenburg und Uedem berücksichtigt. Gewidmet ist dieser Band den Regiolekten.

Das Material bilden Mitschnitte von Gesprächen. Auf einigen Karten wird dabei die tatsächliche Verwendung von *dat* und *wat* in verschiedenen Gesprächssituationen verglichen. Mit dem Ergebnis, dass in den Orten am Niederrhein *dat* und *wat* (anstelle von *das/dass* und *was*) viel häufiger vorkommen als in den meisten westfälischen Erhebungsorten. Dass auf den Fragebogen des LVR-Instituts für Landeskunde und Regionalgeschichte diese Kleinwörter so allgemein bestätigt werden, kann also nicht wundernehmen.

Zu den auffälligen Regiolektwörtern gehört neben *dat* und *wat* auch *et*. Auf dem Fragebogen von 2005 war zu lesen: *Ich warte, bis dat et vorbei is* oder ... *bis et vorbei is;* standardsprachlich: *bis es vorbei (vorüber) ist*. Überall im Rheinland wird dieses *et* verwendet. Ein zweites *et* kommt als unbetonte Variante von *dat* vor: *dat Auto*, daneben: *et Auto; dat Fahrradd*, daneben: *et Fahrradd.* Beide Varianten sind in der regionalen Umgangssprache des Rheinlands gängig: *Wo hastet Auto? – Dat steht schonn inner Garage.*

Dieses *et*, ob nun Artikel oder Pronomen, kann weiter reduziert werden:
Ich seh-et Auto. > *Ich seht Auto* (oder: *Ich seh Tauto*?).
Ich kann et nich mehr hören. > *Ich kannt nich mehr hören.*

Die Reduktionen erinnern schon an die bei Spaßmachern beliebten *sch*-Sätze: *Schabb Hunger. Schwill wat essen. Schmuss abber gleisch widder weg.* Sie setzen zweierlei voraus: Erstens muss der *ich*-Laut wie ein *sch* klingen (siehe Karte 37) und zweitens der Vokal in *isch* komplett wegfallen: *isch habb* > *schabb, isch will* > *schwill, isch muss* > *schmuss. Talibi* wäre dann auch kein Familienname aus dem arabischsprachigen Raum, sondern die ultimative Verkürzung eines Artikels, wenn der Kommissar überprüft, wo sich die Verdächtige zur Tatzeit aufgehalten hat.

Literatur: *Cornelissen 2005*
Cornelissen 2014
Elmentaler/Rosenberg 2015

ILR-Fragebogen 6 (2000), Frage 1
Altersgruppe 45–64 Jahre

ILR-Fragebogen 8 (2005), Frage 23
Altersgruppe 45–64 Jahre

dat und wat

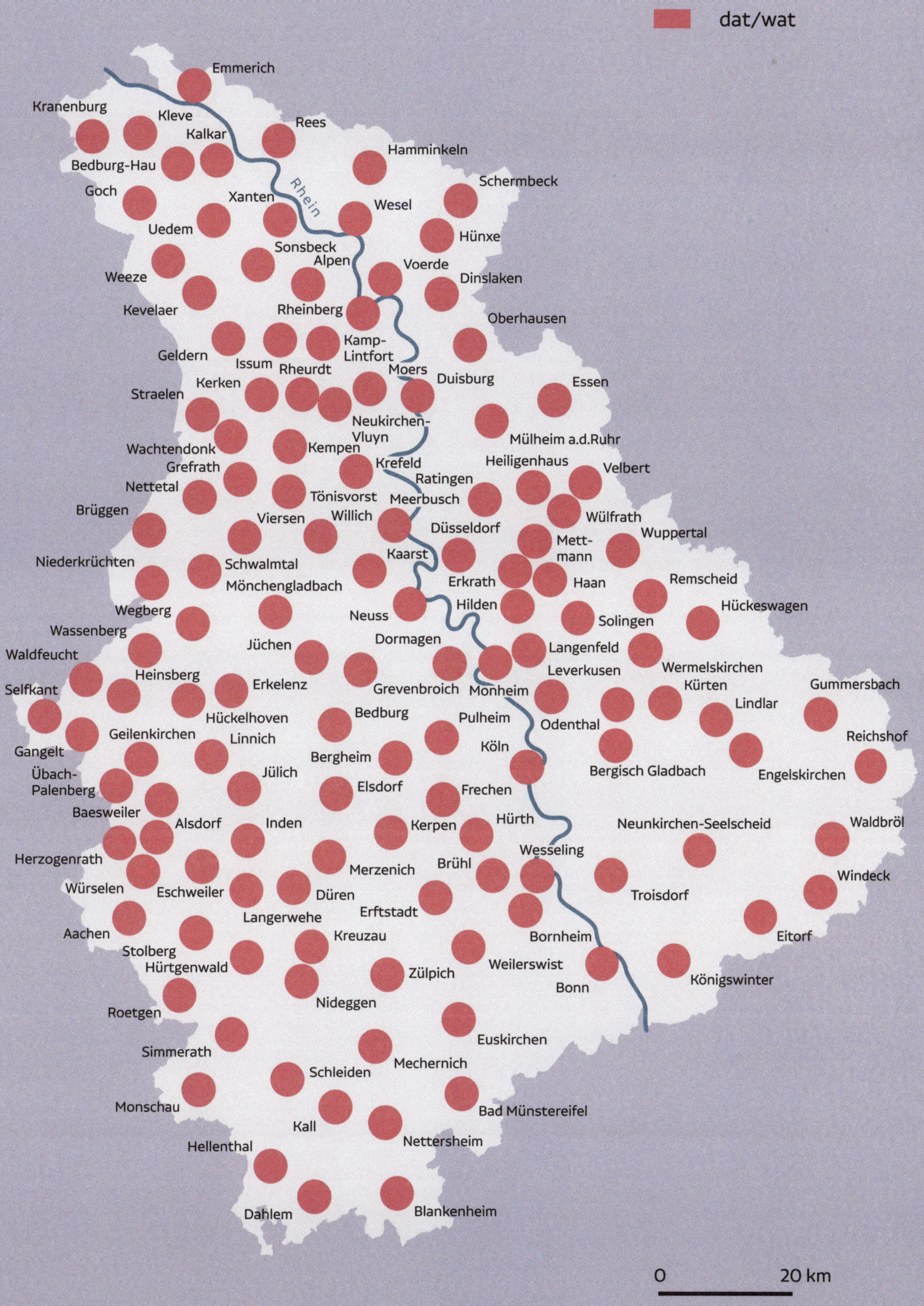
dat/wat
Rhein
Emmerich
Kranenburg
Kleve
Kalkar
Rees
Bedburg-Hau
Hamminkeln
Schermbeck
Goch
Xanten
Wesel
Uedem
Hünxe
Sonsbeck
Alpen
Voerde
Weeze
Dinslaken
Kevelaer
Rheinberg
Oberhausen
Kamp-Lintfort
Geldern
Issum
Rheurdt
Moers
Duisburg
Essen
Kerken
Straelen
Neukirchen-Vluyn
Mülheim a.d.Ruhr
Wachtendonk
Kempen
Heiligenhaus
Grefrath
Krefeld
Velbert
Nettetal
Ratingen
Tönisvorst
Meerbusch
Wülfrath
Brüggen
Viersen
Willich
Düsseldorf
Wuppertal
Mett-mann
Niederkrüchten
Kaarst
Schwalmtal
Haan
Remscheid
Mönchengladbach
Erkrath
Hilden
Hückeswagen
Wegberg
Neuss
Solingen
Wassenberg
Dormagen
Jüchen
Langenfeld
Waldfeucht
Wermelskirchen
Leverkusen
Heinsberg
Grevenbroich
Monheim
Kürten
Gummersbach
Selfkant
Erkelenz
Lindlar
Hückelhoven
Bedburg
Pulheim
Odenthal
Gangelt
Geilenkirchen
Linnich
Reichshof
Köln
Übach-Palenberg
Bergheim
Bergisch Gladbach
Engelskirchen
Jülich
Elsdorf
Frechen
Baesweiler
Hürth
Alsdorf
Inden
Kerpen
Neunkirchen-Seelscheid
Waldbröl
Herzogenrath
Wesseling
Brühl
Merzenich
Windeck
Würselen
Eschweiler
Düren
Troisdorf
Erftstadt
Langerwehe
Eitorf
Aachen
Kreuzau
Bornheim
Stolberg
Weilerswist
Hürtgenwald
Zülpich
Königswinter
Bonn
Nideggen
Roetgen
Euskirchen
Simmerath
Mechernich
Schleiden
Monschau
Bad Münstereifel
Kall
Nettersheim
Hellenthal
Dahlem
Blankenheim
0
20 km

16

Plümmo oder Oberbett

Plümmo – Plumeau – Oberbett – Bettdecke – Federbett – Deckbett: Diese sechs Antwortvorgaben fanden die ILR-Gewährsleute, als sie 2012 auf dem Sprachfragebogen bei der Frage 8 angelangt waren. Die Ergebnisse dieser Erhebung unterschieden sich dann deutlich nach Regionen: *Plümmo* ■ schnitt insgesamt am besten ab und war im Süden des Rheinlands besonders stark. Im Niederbergischen, in Essen und Oberhausen sowie am rechten Niederrhein wurde *Oberbett* ■ oft genannt. *Plumeau* ■, *Bettdecke* ■ und *Federbett* ■ kommen vergleichsweise selten vor, während *Deckbett* nirgendwo zu berücksichtigen war.

Lohmar liegt im rechtsrheinischen Teil des Rhein-Sieg-Kreises, laut Karte ist *Plümmo* den älteren Erwachsenen dort bestens bekannt. Als ich im Mai 2015 im Gymnasium Lohmar zu Gast war, um in einem Kurs des Jahrgangs 10 zwei Stunden des Deutschunterrichts zu übernehmen, bat ich die Schüler*innen, einen kleinen Fragebogen zum Regiolekt auszufüllen. Gleich die erste Frage bezog sich auf die Bezeichnung des ›Federdeckbetts‹, wobei dieselben sechs Wörter wie bei der rheinlandweiten Erhebung 2012 vorgegeben wurden. »Welche Bezeichnung/en gebrauchen Sie selbst?« So lautete die Frage an die jungen Leute. Auf den 22 Fragebogen wurden insgesamt 39 Kreuzchen gemacht, es gab noch sechs Ergänzungen und Kommentare, so dass etwa zwei Antworten von jedem der Jugendlichen gegeben wurden. Die Angaben verteilten sich wie folgt: *Bettdecke* 19, *Plümmo* 14, *Federbett* 3, *Decke* 3, *Plumeau* 2 (davon einmal *Plümmo + Plumeau*), *Bettzeug(s)* 2, *Deckbett* 1, *Bett* 1, *Oberbett* 0. Insgesamt notierten also 15 der 22 Schüler*innen *Plümmo/Plumeau*, das entspricht einem Wert von circa 68 Prozent. Häufiger aber wird von den jungen Leuten offensichtlich *Bettdecke* verwendet – verschieben sich hier die Vorlieben? Die übrigen Bezeichnungen, von *Federbett* bis *Oberbett*, scheinen im regionalsprachlichen Wortschatz der Gymnasiast*innen kaum eine oder gar keine Rolle zu spielen.

Plümmo stammt aus dem Französischen *(plumeau)*, wurde irgendwann ins Deutsche entlehnt und dann lautlich angepasst: Bei *Plümmo* ist die Wortbetonung auf die erste Silbe verlagert worden, ähnlich wie beim rheinländischen *Bürro*. Viele im Rheinland ästimieren die regionalen Französismen, zu denen neben *Plümmo* auch *Malör*, *Schäselong* oder *Trottewar* zählen – diese hier längst einheimisch gewordenen Lehnwörter aus dem Französischen fehlen in keinem Dialektwörterbuch.

Im Rechtschreib-Duden lautet das entsprechende Stichwort *Plumeau*, der französische Ursprung *(plumeau)* ist besser zu erkennen. Aber Achtung: Im Französischen heutiger Zeit bezeichnet ein *plumeau* eher einen ›Federwisch‹ als ein ›Federdeckbett‹! Apropos Feder: In *plumeau* steckt *plume* ›Feder‹, das aus dem Lateinischen stammt *(pluma)*. Im Rheinland sind *Plümmo* und *Plümmel* ›Troddel, Quaste‹ miteinander verwandt.

Literatur: *Cornelissen 2015b*
Eumann 2008
Honnen 2012

ILR-Fragebogen 10 (2012), Frage 8
Altersgruppe 45-64 Jahre

Plümmo oder Oberbett

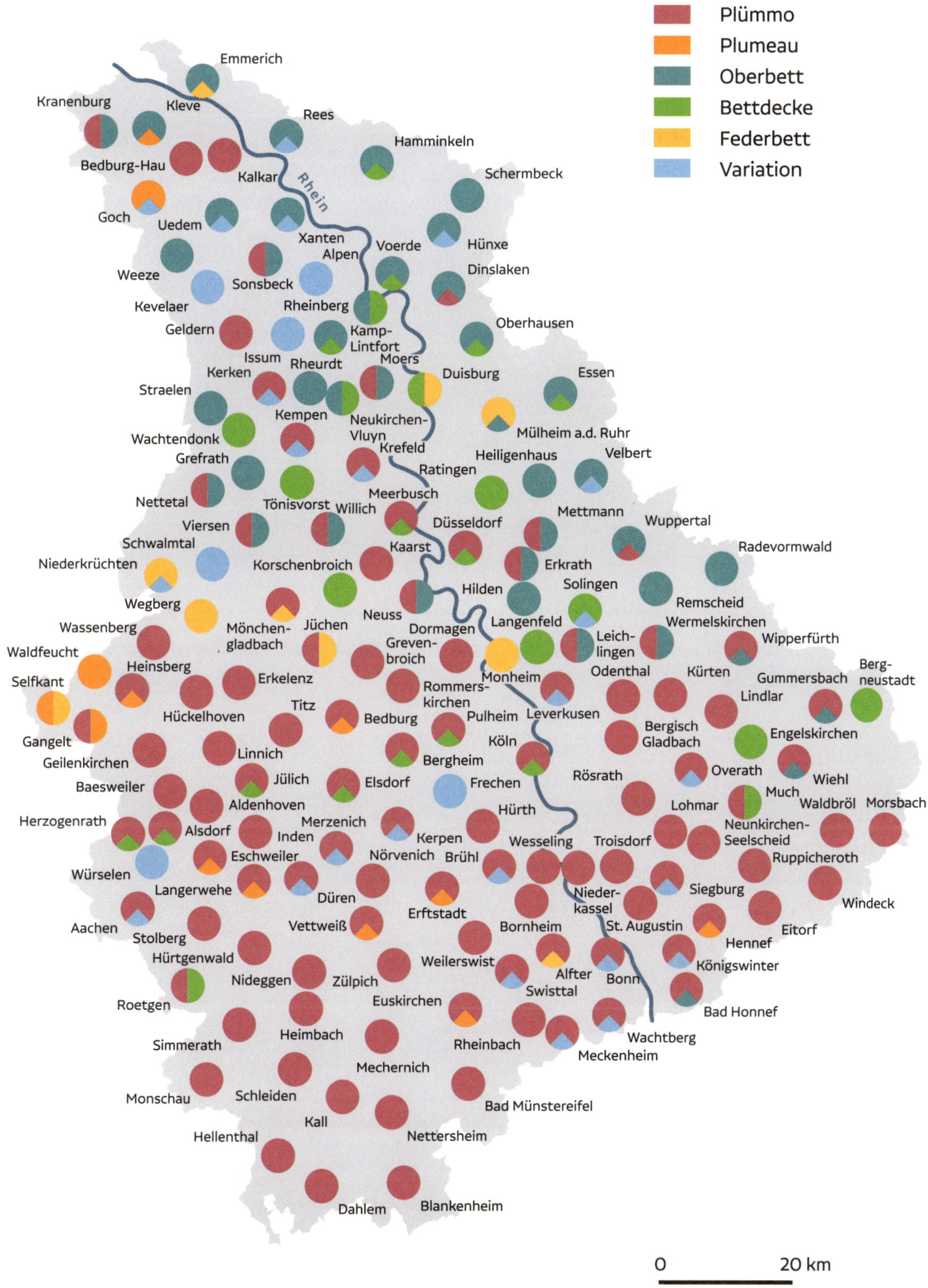

17

bissken oder bissjen

Auf den ersten Blick zu erkennen: *bissken* ■ ist die Nordform, *bissjen* ■ die Südform. Auf vergleichbare Gegensätze stößt man in den Regiolekten des Rheinlands regelmäßig, zum Beispiel bei *Fässken* (Nord) und *Fässjen* (Süd) oder *Stühlken* und *Stühlschen;* die Verteilung von *Jüngsken* und *Jüngelchen* wird auf Karte 18 thematisiert. Dabei verdanken sich die Verkleinerungsformen mit *-ken* den alten Dialekten. Eingezeichnet in die Karte ist auch die Benrather Linie (siehe Karte 4), die auf der Dialektebene Bildungen wie *Stöckske* ›Stückchen‹ oder *Bükske* ›Büchlein‹ (siehe Karte 5) begrenzt. Im Regiolekt orientiert sich *bissken* an derselben Linie. Für Menschen in der Südhälfte des Rheinlands klingen *ken*-Varianten wie *Stücksken* oder *bissken* auffällig »anders«, man hat Vergleichbares vielleicht schon mal bei einem Ausflug ins Ruhrgebiet oder nach Westfalen gehört.

Die niederrheinische Form *bissken* setzt sich aus hochdeutschem *biss-* und regionalem *-ken* zusammen. Wechselt man auf die Dialektebene, kommen am unteren Niederrhein ganz andere Lautvarianten ins Spiel. So sagt man im Platt des Raums Kleve etwa *bettje,* im Raum Geldern *bettsche.* Im Regiolekt ist dort dann *bissken* zu hören – wie ist das zu erklären?

Ausgangspunkt kann die Feststellung im Kommentar zu Karte 5 sein, dass in den Dialekten des Niederrheins die Verkleinerungsform *-ke* »dominiert«. Als Beispiele werden dort *Ärm – Ärmke* ›Ärmchen‹, *Kopp – Köppke* ›Köpfchen‹ und *Auto – Äuteke* ›kleines Auto‹ genannt. Endet das Grundwort allerdings auf *-t,* werden oft ganz andere Verkleinerungselemente angefügt, wie die Beispiele *bettje* und *bettsche* zeigen. Ein kleiner *Pott* ist am unteren Niederrhein ein *Pöttje* oder ein *Pöttsche,* ein kleiner *Pitt* ›Peter‹ wird *Pittje* oder *Pittsche* genannt. Am Niederrhein aber enden viel mehr Wörter auf *-t* als im südlichen Rheinland, weil die Dialekte südlich der Benrather Linie dieses *t* »verschoben« haben: Deshalb ist im Süden ja in den Mundarten von *esse, eiße* oder *äßen* die Rede, während im Platt des Nordens *äte, eate* oder *eten* beheimatet ist (siehe Karte 6).

Es müsste einmal genauer untersucht werden, ob und wie die dialektalen Verkleinerungssilben *-je* oder *-sche* am Niederrhein in die regionale Umgangssprache übernommen werden. In einigen Orten hat sich *Pöttje* zu *Pöche* weiterentwickelt (siehe Karte 37); diese Lautvariante scheint auf den Dialekt beschränkt zu sein. Dagegen ist die Kombination eines Grundworts auf *-s* mit dem Verkleinerungselement *-ke* auch in dem Raum geläufig, in dem die Menschen im Dialekt *Pittje* oder *Pittsche* (oder *Piche*) sagen; als Beispiel bietet sich *Tässke* an. Was ein *Tässke* ist, ergibt sich aus dem jeweiligen Kontext: Entweder handelt es sich dabei um ein ›Tässchen‹ (zu *Tass* ›Tasse‹) oder um ein ›Täschchen‹ (zu *Täss* ›Tasche‹). Im Regiolekt wären das *Tässken* und *Täschken*.

Der Regiolektfragebogen von 2005 hatte neben *bissken* zwei weitere Varianten offeriert: *bisschen* und *bissjen*. Dass die Gewährsleute im Süden *bissjen* häufiger als das von seinem Schriftbild her vertraute *bisschen* wählten, war nicht unbedingt zu erwarten: Man muss schon ganz genau hinhören, damit dieser feine Unterschied auf dem Radar auftaucht. Wenn am Niederrhein von Menschen, die *bissken* nicht ankreuzen wollten, oft *bissjen* (mit *j*) gewählt wurde, dann dürfte das ebenfalls den phonetischen Tatsachen entsprechen! Über die Phonetik der Regiolekte weiß man bislang jedoch erst wenig, sozusagen erst *en bissken/bissjen*, hier steht die Forschung noch am Anfang.

Wer das große Sprachgebiet zwischen Emmerich und Eifel auf zwei Regiolekte aufteilen wollte, dem böte sich mit dem Gegensatz zwischen nördlichem *-ken* und den Südformen ein brauchbares Abgrenzungskriterium an: So hätte man einen »niederrheinischen« und einen »rheinischen« Regiolekt im Rheinland. Die Benrather Linie macht sich noch immer bemerkbar.

Literatur: *Cornelissen 2005*
Möller 2013

ILR-Fragebogen 8 (2005), Frage 33
Altersgruppe 45–64 Jahre

bissken oder bissjen

18

Jüngsken oder Jüngelchen

Im Süden des Rheinlands herrscht *Jüngelchen* ■ vor, wobei dessen Verwendungsbereich im Bergischen Land etwa zehn Kilometer über die eingezeichnete Benrather Linie hinausreicht. Damit erstreckt sich das *Jüngelchen*-Gebiet vielleicht etwas weiter nach Norden als der Raum, in dem man im Dialekt *Böjelche* zu einem kleinen Buch sagt (siehe Karte 5). Der niederrheinische Norden kennt *Jüngsken* ■, gebildet nach dem Vorbild der Dialektform *Bükske:* Grundwort (mit Umlaut) + *s* + *ke(n).* An *Jüngsken* schließt sich südlich *Jüngken* ■ an, daran dann *Jüngchen* ■; diese beiden Varianten setzen sich nach demselben Bildungsmuster, ohne *-s-*, zusammen, während sie sich bei der Verkleinerungssilbe in erwartbarer Weise unterscheiden: nördlich *-ken,* südlich *-chen.* So entsteht ein Kartenbild mit klarer Nord-Süd-Staffelung und zwei Varianten im mittleren Bereich, die jeweils in beide Richtungen überleiten. Ausgehend von (1.) *Jüngsken* im Norden sind folgende Schritte notwendig, um zu (4.) *Jüngelchen* zu gelangen: 1. *Jüngsken,* 2. Tilgung des *-s-*: *Jüngken,* 3. Ersatz des *-ken* durch *-chen: Jüngchen,* 4. Einfügen des *-el-: Jüngelchen.*

In der Grammatik des kölnischen Dialekts sind Verkleinerungsformen auf *-elche,* wenn bestimmte Lautbedingungen gegeben sind, üblich: *Woch – Wöchelche* ›Woche‹, *Jack – Jäckelche* ›Jacke‹ und natürlich auch *Jung – Jüngelche.* Das *Jüngelchen* auf der Regiolektkarte schließt also an das *Jüngelche* (anderswo: *Jöngelche*) im Dialekt an.

Jüngelchen wird aber nicht nur als Bezeichnung für einen ›kleinen Jungen‹ gebraucht. Ein *Jüngelchen* kann auch ein junger Mann sein, wenn ausgedrückt werden soll, dass er nicht ernstzunehmen ist, dass er vielleicht noch unreif ist. Verkleinerungsformen können also sehr positiv klingen *(en Tässjen Kaffee, en Stücksken Kuchen, en lecker Fräuken)* – müssen es aber nicht.

Auf dem Fragebogen von 2005 wurde nicht nur nach dem kleinen Jungen, sondern auch nach dem kleinen Sack gefragt. Die hier nicht abgebildete Karte unterscheidet sich nicht unerheblich von der Karte für das Jünglein. Im Gebiet nördlich der Benrather Linie hat *Säcksken* starke Konkurrenz durch *Säckchen,* was vermuten lässt, dass *Säcksken* weniger geläufig ist als *Jüngsken/Jüngken* oder *bissken*. Wenn es um die Bildung der Verkleinerungsformen und um ihre Verwendungshäufigkeit geht, hat man offensichtlich mit Variation zu rechnen.

Säcksken und *Jüngsken* haben ein Fugen-*s*, *Jüngken* nicht. Es geht um die »Fuge« zwischen Wortwurzel und angehängtem *-ken*. Bedingung für ein *-s-* an dieser Stelle ist, dass die Wurzel auf einen »gutturalen« Laut endet *(k, ch, ng)*. Bei *Jüngken* fehlt die Fugenfüllung, obligatorisch ist sie allerdings bei Regiolektformen wie *Säcksken, Bröcksken, Brücksken* oder *Stücksken,* also bei einem *k* im Wortauslaut, analog etwa zu mundartlichem *Bükske* (siehe Karte 5). Ohne das Fugenelement wäre die Verkleinerungsform als solche nicht zu erkennen.

Beim *Brücksken* handelt es sich um eine kleine Brücke. Dagegen könnte ein *Bröcksken* ein kleiner Brocken sein, meist ist es die Bezeichnung für ein Bonbon. Anderswo heißt diese Süßigkeit vielleicht *Bömsken* oder *Klümpken* – immer im Gebiet nördlich der Benrather Linie, die ihre Entstehung ja Lautwandelprozessen vor sehr langer Zeit verdankt (siehe Karte 4)!

Literatur: *Herrwegen 2017*
Schirmunski 1962

ILR-Fragebogen 8 (2005), Frage 24
Altersgruppe 45–64 Jahre

Jüngsken oder Jüngelchen

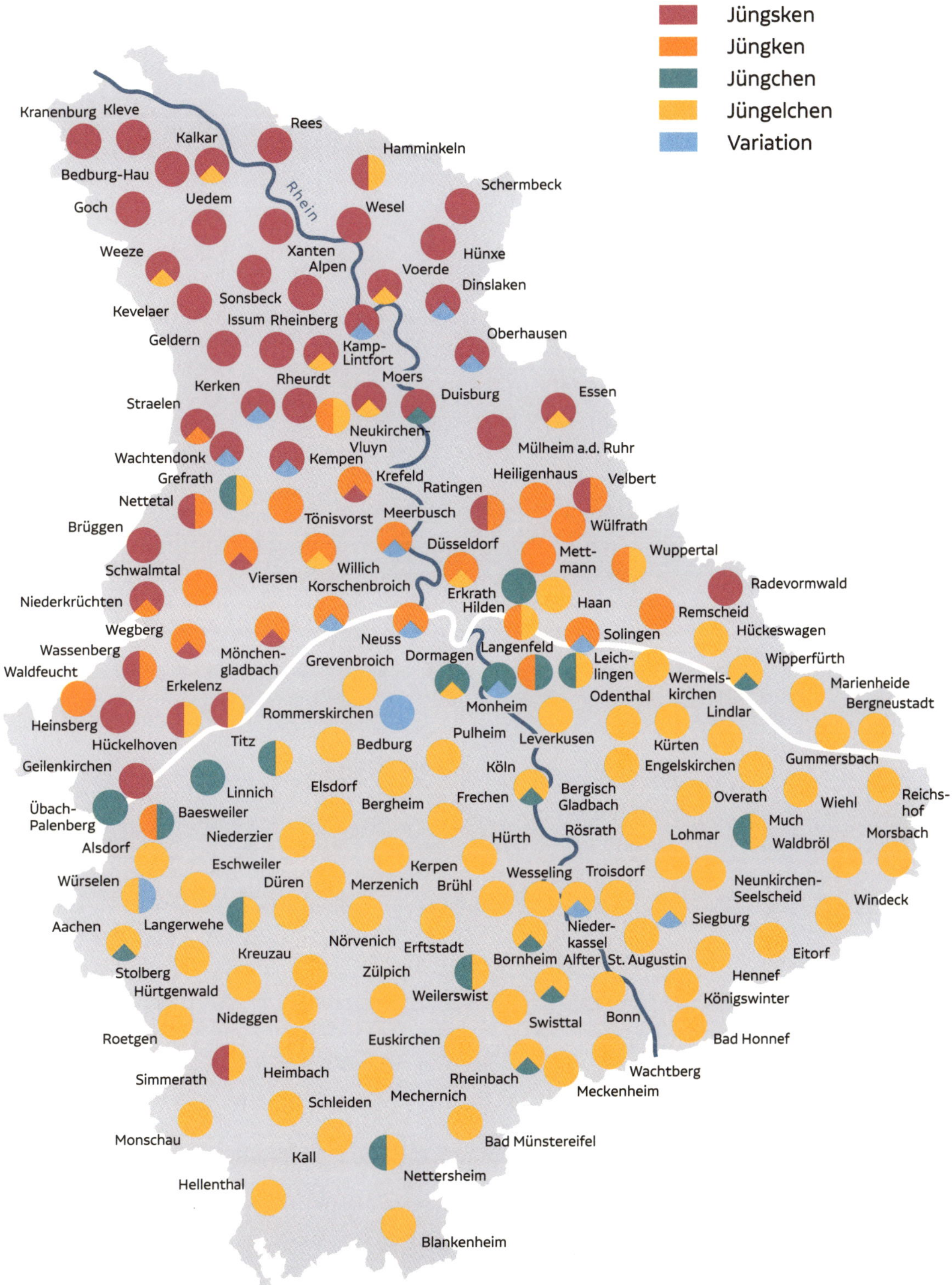

19

Botteram oder Bütterchen

Wenn Sie in der Bäckerei zwei *Brote* kaufen oder wenn Sie am Morgen zwei *Brote* einpacken, die Sie auf Ihrer Tageswanderung verzehren wollen: *Brot* ist nicht gleich *Brot*. Im ersten Fall dürfte es sich um zwei *Brotlaibe* handeln, im zweiten sind *Butterbrote* gemeint. *Butterbrot* und *Brot* sind im Rheinland die beiden unspektakulärsten Bezeichnungen für die belegten Brotschnitten. *Butterbrot* ist in allen Regionen des Rheinlands verbreitet; die Kurzform *Brot* wurde auf den ILR-Fragebogen von 2012 seltener genannt. Auf dem Fragebogen war das Foto einer mit Wurst belegten Brotschnitte zu sehen, in der Mitte durchgeschnitten und dann zusammengeklappt. Es war also genau genommen die Hälfte eines doppelten Brotes. Antworten wurden nicht vorgegeben.

Wie sich herausstellte, ist im Land am Rhein eine Vielzahl von Bezeichnungen im Umlauf. Wollte man das Erhebungsergebnis auf einer einzigen Karte darstellen, gingen sehr viele Einzelheiten verloren, oder es ergäbe sich ein schwer zu überblickendes Kartenbild. Deshalb werden hier, auf diese eine Frage zurückgehend, gleich zwei Karten präsentiert, wobei *Butterbrot* und *Brot* sogar ausgespart bleiben.

Für die erste Butterbrot-Karte wurden Bezeichnungen ausgewählt, die an die alten Dialekte anknüpfen, was sich in klaren Verbreitungsgebieten niederschlägt. Am häufigsten wurde *Botteram*, auch *Butteram* ■, gemeldet; das Wort ist mit niederländisch *boterham* verwandt. Linksrheinisch ist es weit verbreitet, ferner wurde es im Rechtsrheinischen im Raum Langenfeld-Ruppichteroth-Bad Honnef oft genannt.

Dat Butter ■ sowie *dat Bütterken/Bütterchen* ■ kommen in einem zusammenhängenden Areal im Bergischen Land vor, darüber hinaus auch auf dem linken Rheinufer. *Die Dubbel* (›Doppelte‹, ■) ist ein Wort des Ruhrgebiets, reicht nach Westen über den Rhein und kommt vereinzelt auch anderswo vor. Recht selten sind *der Rämmel* ■ und *die Dong* ■ auf der Karte zu finden.

Die niederländische Wortforschung hat das etymologische Geheimnis von *boterham* bislang nicht lüften können. Zwar herrscht beim ersten Wortbestandteil Klarheit: Niederländisch *boter* meint deutsch *Butter*. Aber *ham?* Es ist versucht worden, dieses *ham* an *ham(me)* oder *am(me)* anzuschließen, das in einem niederländischen Wörterbuch aus dem Jahr 1599 verzeichnet ist, dort in der Bedeutung ›abgeschnittenes Stück vom Essen‹. Seine Herkunft ist allerdings nicht gesichert. Dank dieser ungewissen Wortgeschichte bleibt auch der Ursprung des rheinländischen *Botterams* im Dunkel.

Die Älteren erinnern sich noch an Willy Millowitsch, der seinerzeit im Fernsehen Werbung für einen Brotaufstrich namens *»Botterram«* machte. Es passiert nicht oft, dass einem rheinländischen Dialektwort die Ehre zuteilwird, zu einem Produktnamen aufzusteigen. Wie *Botteram* nun zu schreiben ist, lässt sich im Duden nicht nachschlagen. Für den Aufstrich hat man damals die Schreibung mit zwei *r* gewählt (von denen ja nur eins gesprochen wird). Noch einen Schritt weiter gegangen ist das große Kölner Dialektwörterbuch, das einige Jahre vor der *»Botterram«* erschienen war (1956–1958). Sein Autor, Adam Wrede, hatte sich für gleich drei Doppelkonsonanten entschieden, so dass das Butterbrot in seinem Lexikon *»Botterramm«* heißt.

Literatur: *Honnen 2018*
Wrede 2010 (S. 120 Botterramm)
etymologiebank (boterham)

ILR-Fragebogen 10 (2012), Frage 4
Altersgruppe 45–64 Jahre

Botteram oder Bütterchen

20

Stulle oder Knifte

Die *Stulle* kommt aus dem Osten. So ist 1918 zu lesen: »Das Wort hat zwar einen vulgären Beigeschmack, so daß es nur mit Vorbehalt hier angeführt werden darf, hat aber in Berlin keinen hd. [= hochdeutschen] Ersatz, ausgenommen *Butterbrod* für *Butterstulle* [...]. In der Kindersprache ist *Stulle* jedenfalls ein stehender Ausdruck.« Die *Stulle* hat inzwischen, das zeigt auch eine Karte aus dem Jahr 2000, ihr Areal noch ausgebreitet. Bei der Erhebung im Jahr 2012 wurde sie dann in vielen Orten des Rheinlands genannt ■.

Seltener gaben die Gewährsleute *Knifte* zu Protokoll ■. Das Wort ist im Raum Dinslaken-Essen-Mettmann sowie im benachbarten Westfalen auch schon lange bekannt. Beide Bezeichnungen, *Stulle* wie *Knifte*, haben sich weiter ausgebreitet.

Der Verfasser der »Wortgeographie der hochdeutschen Umgangssprache« aus dem Jahr 1918 beschrieb die *Stulle* als eine »Abgeschnittene Scheibe Brod«, die offenbar auch dann *Stulle* genannt wurde, wenn sie weder geschmiert noch belegt war. Für andere Regionen des deutschen Sprachraums werden in dem genannten Werk *Bemme* (etwa in Sachsen und im Norden Thüringens), *Schnitte, Scheibe Brot* (»Brod« geschrieben) und im Süden *Stück* oder *Stückl Brot* angeführt. Dagegen kartierte der »Wortatlas der deutschen Umgangssprachen« (2000) die regionalen Bezeichnungen für »die belegte Brotscheibe«. Im Gebiet zwischen Emmerich und Eifel tauchen auf der entsprechenden Karte *Butteram* (so!), *Bütterken, Dong, Stulle* und *Knifte* auf. Dagegen wurde 2012 auf einem ILR-Fragebogen nach der Bezeichnung für ein dort abgebildetes zugeklapptes Butterbrot gefragt (siehe Karte 19). Daraus lässt sich folgern, dass Bezeichnungen wie *Bütterken, Dong* oder *Stulle* durchaus unterschiedliche Bedeutungsspektren besitzen könnten und dass mit individuellen Vorlieben bei der Wortwahl zu rechnen ist.

Zurück zur räumlichen Verteilung von *Stulle* und *Knifte*. Wie die Karte zeigt, ist *Stulle* wohl stärker expansiv. Als Beleg für diese These lässt sich vielleicht auch der erste Band der Harry-Potter-Romane anführen: Harry sitzt zusammen mit Ron im Zug, als eine Frau die Abteiltür öffnet und Essbares anbietet: »Harry, der nicht gefrühstückt hatte, sprang auf, doch Rons Ohren liefen wieder rosa an. Er habe Stullen dabei, nuschelte er.« Offensichtlich war es möglich, in einer deutschen Übersetzung aus dem Englischen *Stullen* unterzubringen. *Kniften, Dubbels* oder *Bütterkes* sind an dieser Stelle eher nicht zu erwarten.

Literatur: *Eichhoff 1977–2000, Band 4 (Karte 20)*
Honnen 2018
Kretschmer 1918 (S. 510 f. »Das Wort hat«, »Abgeschnittene Scheibe Brod«, »Brod«)
Rowling 1998 (S. 112 »Harry, der nicht«)

ILR-Fragebogen 10 (2012), Frage 4
Altersgruppe 45–64 Jahre

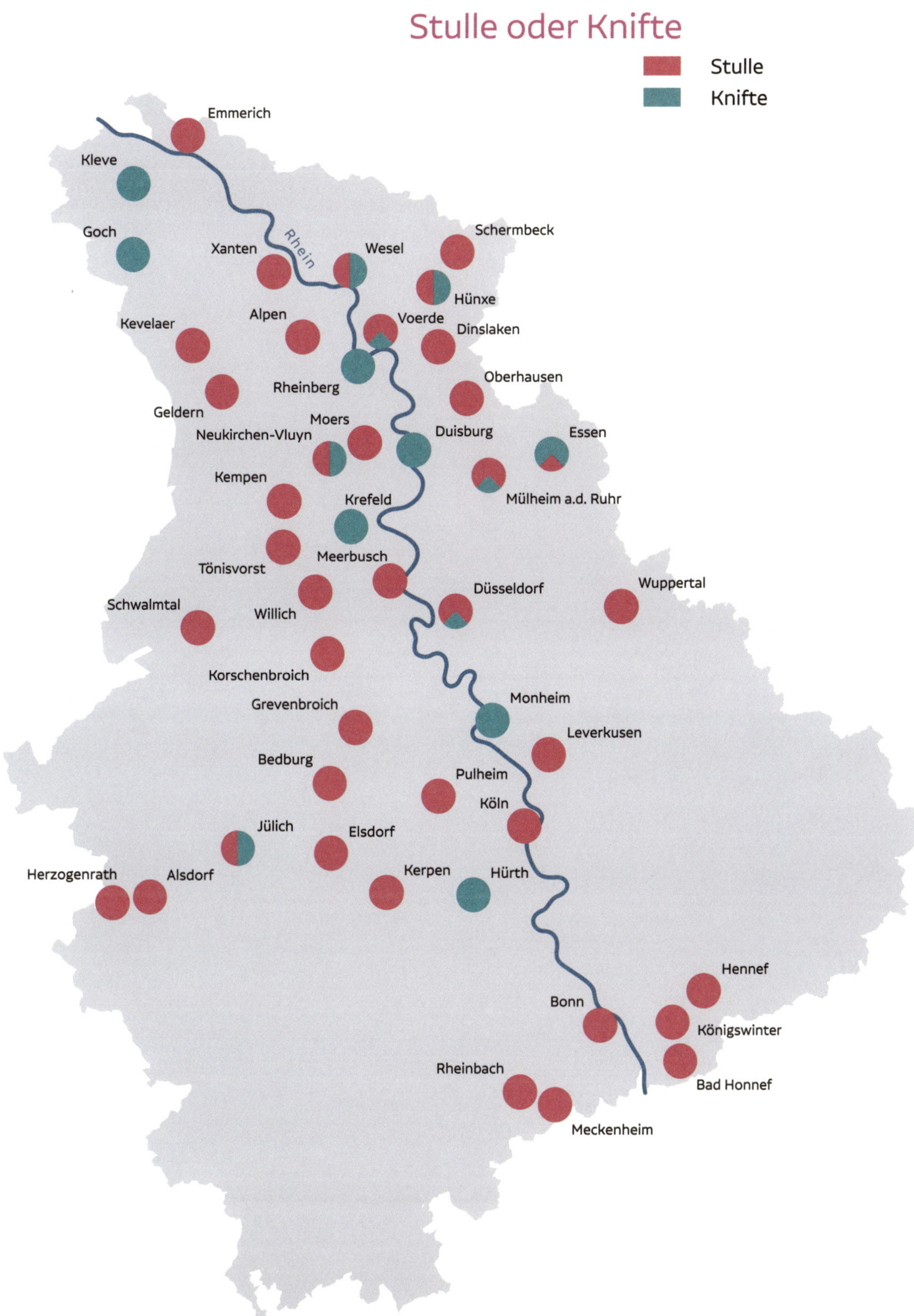
Stulle oder Knifte
Stulle
Knifte
Emmerich
Kleve
Goch
Xanten
Rhein
Wesel
Schermbeck
Hünxe
Kevelaer
Alpen
Voerde
Dinslaken
Rheinberg
Geldern
Oberhausen
Moers
Neukirchen-Vluyn
Duisburg
Essen
Kempen
Krefeld
Mülheim a.d. Ruhr
Tönisvorst
Meerbusch
Düsseldorf
Wuppertal
Schwalmtal
Willich
Korschenbroich
Grevenbroich
Monheim
Leverkusen
Bedburg
Pulheim
Köln
Jülich
Elsdorf
Herzogenrath
Alsdorf
Kerpen
Hürth
Hennef
Bonn
Königswinter
Rheinbach
Bad Honnef
Meckenheim
0
20 km

21 22 23 24 25

hasse oder haste
(im Dialekt: hässe oder häste)

Fünf Karten im Vergleich: Das gleiche grammatische Phänomen wird für den Dialekt und für den Regiolekt (vier Karten) dargestellt. Dialekt und Regiolekt sind gesprochene Sprachen, »Sprechsprachen«. Dass darin eigene Regeln gelten, zeigen Formen wie *hasse* oder *haste*, an deren Stelle in der Schriftsprache *hast du* auftritt. *Haste/Hasse ma en Euro?* ist eine Frage aus dem sprechsprachlichen Raum. In der »Grammatik« aus dem Hause Duden gibt es ein eigenes, sehr umfangreiches Kapitel zu den Besonderheiten der gesprochenen Sprache. Zu lesen ist dort:

> Geschriebene Sprache wird gesellschaftlich als wichtiger angesehen und höher bewertet als gesprochene. Entsprechend groß ist der Aufwand, der für den Schriftspracherwerb und die Schulung der Schreibfähigkeiten getrieben wird. So besitzt die Schriftsprache in der schulischen Erziehung eindeutig den Vorrang.

Zunächst zur Dialektkarte. Es dominieren *häste* ● im Süden und *hässe* ● im Norden. Die Verschmelzung der Verbform mit dem nachgestellten *du* ist also am Niederrhein weiter gegangen als im südlichen Rheinland. Daneben kommen, sehr selten, *höbs(t)e* ● im Selfkant und *hääs* ● im Bergischen Land vor. »Variation« ● steht in den meisten Fällen für das Nebeneinander von *hässe* und *häste,* so beispielsweise in Xanten, Düsseldorf und Mönchengladbach. Neben *häste* kommt im Süden, besonders im Aachener Land, auch *haste* vor; beide Varianten mit *t* werden auf der Karte zusammengefasst.

Die Klever Ecke, in deren Dialekten es das Personalpronomen *du (do)* gar nicht mehr gibt, hat *häj* ●. Das Pronomen für die 2. Person Einzahl lautet dort *chej*. Die auf der Karte verzeichnete Variante *häj* ist eine Verschmelzung aus *häb(t) chej* oder *hätt chej*. Anstelle von *häj* ist auch das zweisilbige *häche* zu hören (wiederum zusammengefasst).

Auf den vier Regiolektkarten fällt der Sonderstatus der Klever Ecke im Nordwesten weg. Denn in der regionalen Umgangssprache lautet das Pronomen hier wie überall *du,* in der Kombination mit vorangehendem *hass* dann: *hasse* oder *haste*. Mit *Häj Honger?*

erkundigt man sich auf Platt am nördlichen Niederrhein danach, ob jemand gern etwas essen möchte. Im Regiolekt: *Hasse Hunger?* oder *Haste Hunger?*

Die Ergebnisse der Regiolekterhebung von 2005 werden hier nach Altersgruppen differenziert dargestellt: 65plus, 45–64 Jahre, 25–44 Jahre sowie 16–24 Jahre. Alle vier Regiolektkarten zeichnen sich durch ihre Zweiteilung aus: *haste* ■ im Süden und *hasse* ■ im Norden. Statt dialektalem *do häss* ist von regiolektalem *du hass* auszugehen: Aus *hässe* im Dialekt wird regionales *hasse* und aus *häste* wird *haste*. *Haste wat, dann biste wat!* Dieser Satz würde im Norden eher so klingen: *Hasse wat, dann bisse wat!* Die Erklärung für die Variantenwahl, auch der jungen Leute, ist letztlich im Dialekt zu suchen: *Hasse* und *haste* lassen sich bei den Jugendlichen wie in den älteren Altersgruppen auf die Dialektformen *hässe* und *häste* zurückführen – obwohl vermutlich (fast) niemand in der Gruppe der 16- bis 24-Jährigen selbst noch Platt spricht. Doch der Dialekt wirkt in diesem Fall trotzdem weiter!

Die großräumige Verbreitung der beiden Varianten *hasse* und *haste* ähnelt sich auf allen vier Karten, auch wenn im Einzelfall durchaus unterschiedliche Antworten zu kartieren waren. Zu bedenken ist dabei, dass für die meisten Kommunen weniger als die maximal zehn Fragebogen für die jeweilige Altersgruppe vorlagen (siehe Abschnitt »Karten zeichnen«). Die Ergebnisse fußen oft auf nur zwei oder drei Fragebogen, mancherorts wurde nur ein einziger Fragebogen für die betreffende Altersgruppe ausgefüllt. In solchen Fällen hat der Zufall also leichtes Spiel. Berücksichtigt man Schwankungen dieser Art, ist die Ähnlichkeit der vier Karten bemerkenswert.

Die regionale Umgangssprache im Rheinland ist offen für Dialektelemente: für die Kleinwörter *dat* und *wat*, für Formen wie *bissken* oder *Jüngelchen*, für Bezeichnungen wie *Plümmo*, *Botteram* und *Bütterken*. Deshalb lassen sich auf bestimmten Regiolektkarten Verbreitungsräume mundartlicher Entsprechungen ausmachen, mal in klarer Widerspiegelung wie in diesem Fall, mal nur in zarten Andeutungen.

Einige der regionalen Eigenheiten der Sprechsprache tauchen auch in der Duden-Grammatik auf, etwa in dem Abschnitt, in dem »Verschmelzungen von Verb und Personalpronomen« vorgestellt werden. Einige der dort aufgenommenen Beispiele lauten *wollnwer* »wollen wir«, *hamse* »haben sie« und *haste* »hast du«.

Literatur: *Duden Grammatik 2005 (S. 1177 »Geschriebene Sprache« und S. 1209 »Verschmelzungen«, Schreibung geändert)*
Goossens 1979
Rheinisches Wörterbuch 1928–1971, Band 3

ILR-Fragebogen 9 (2011), Frage 21

ILR-Fragebogen 8 (2005), Frage 17
Altersgruppe 65 Jahre und älter (S. 110)
Altersgruppe 45–64 Jahre (S. 111)
Altersgruppe 25–44 Jahre (S. 112)
Altersgruppe 16–24 Jahre (S. 113)

hässe oder häste (Dialekt)

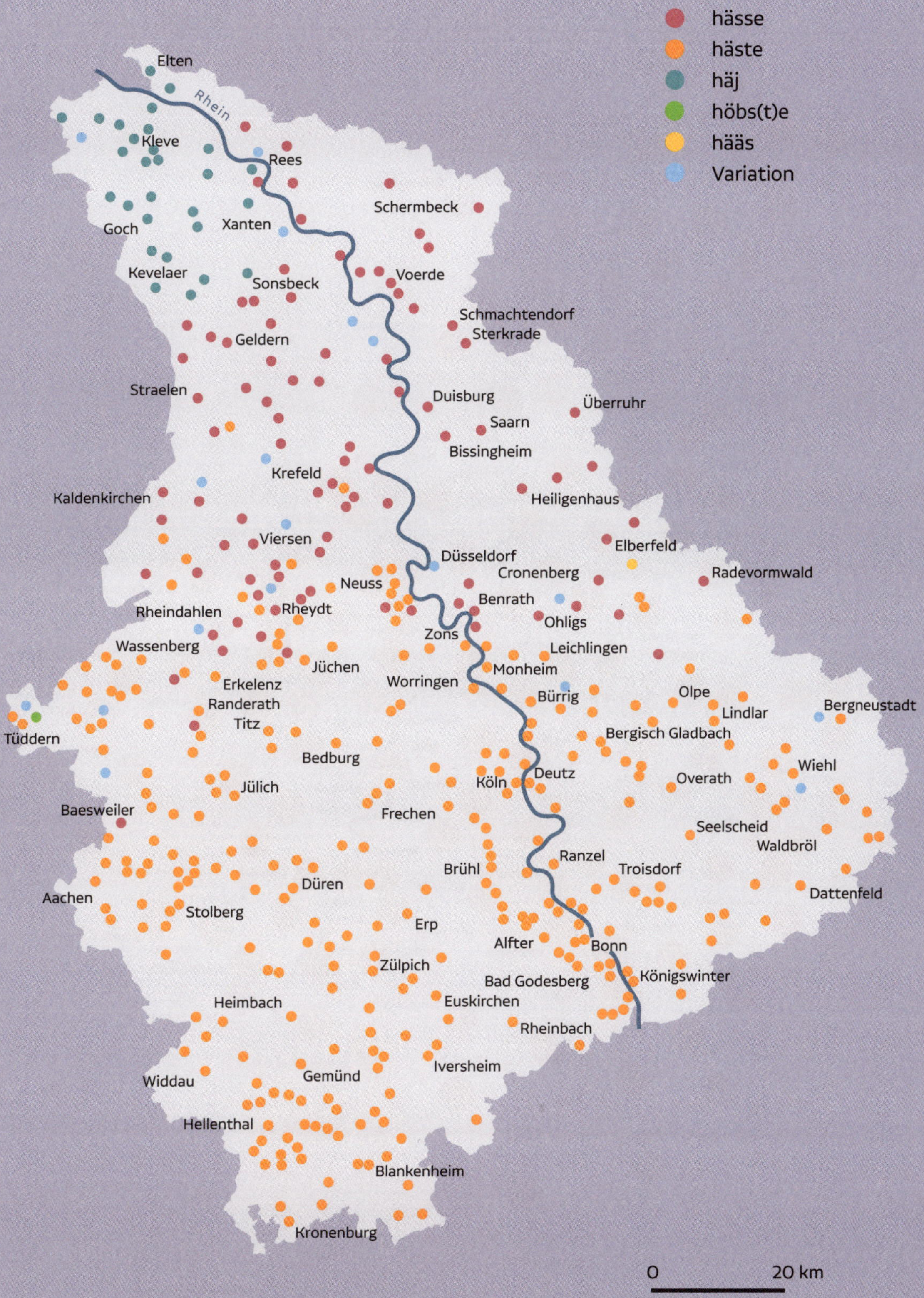

hasse oder haste (65+ Jahre)

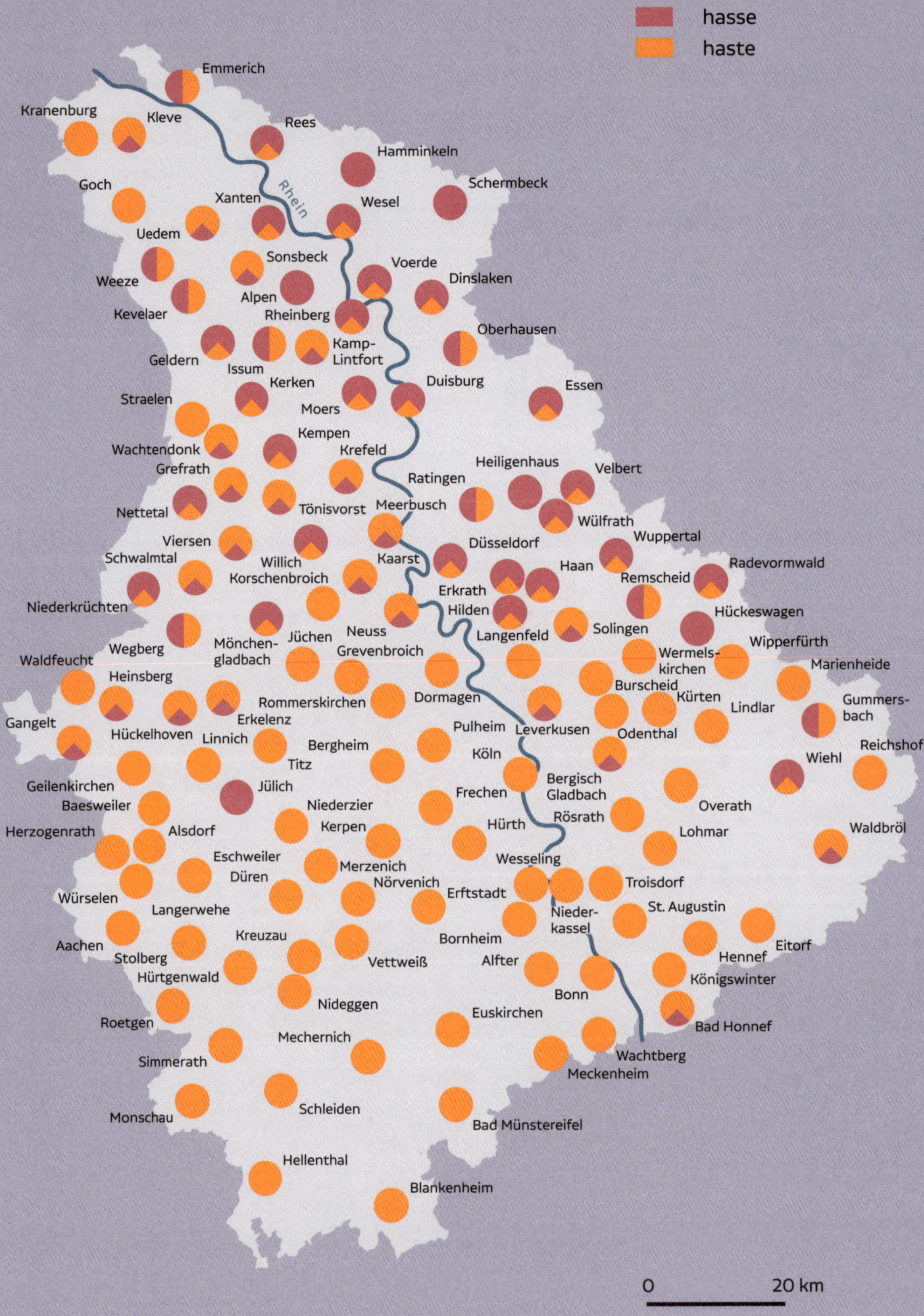

hasse oder haste (45–64 Jahre)

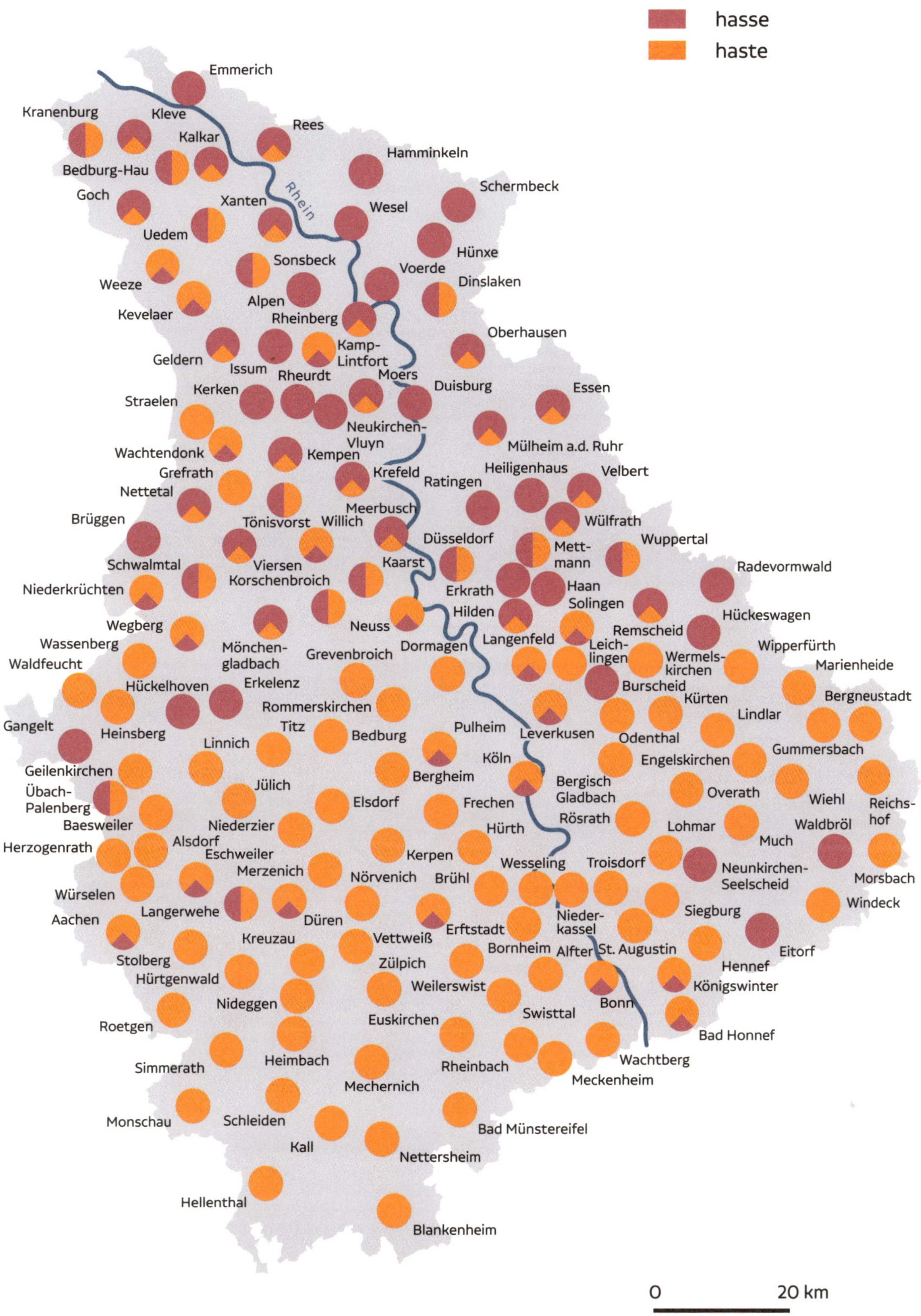

hasse oder haste (25–44 Jahre)

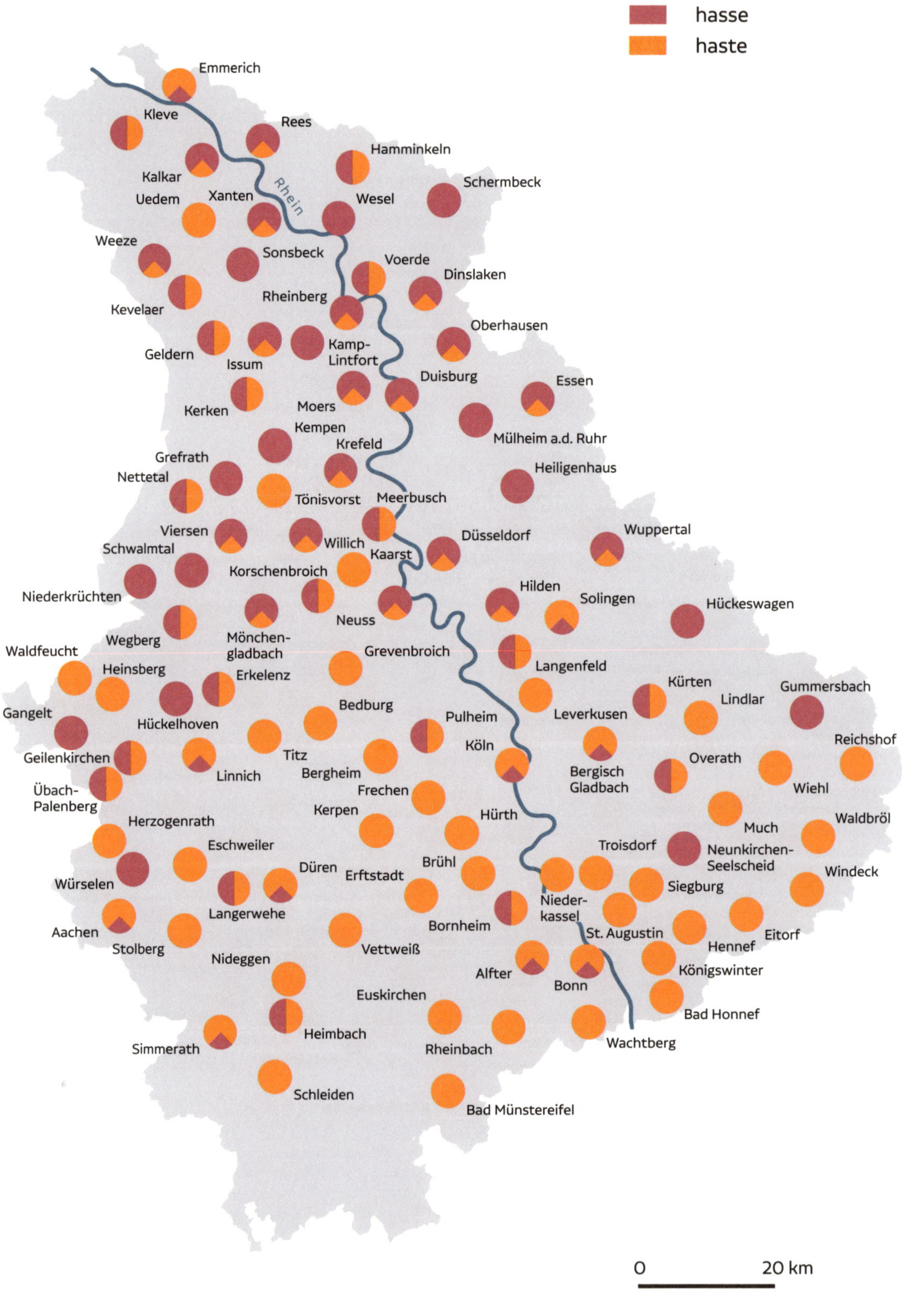

hasse oder haste (16–24 Jahre)

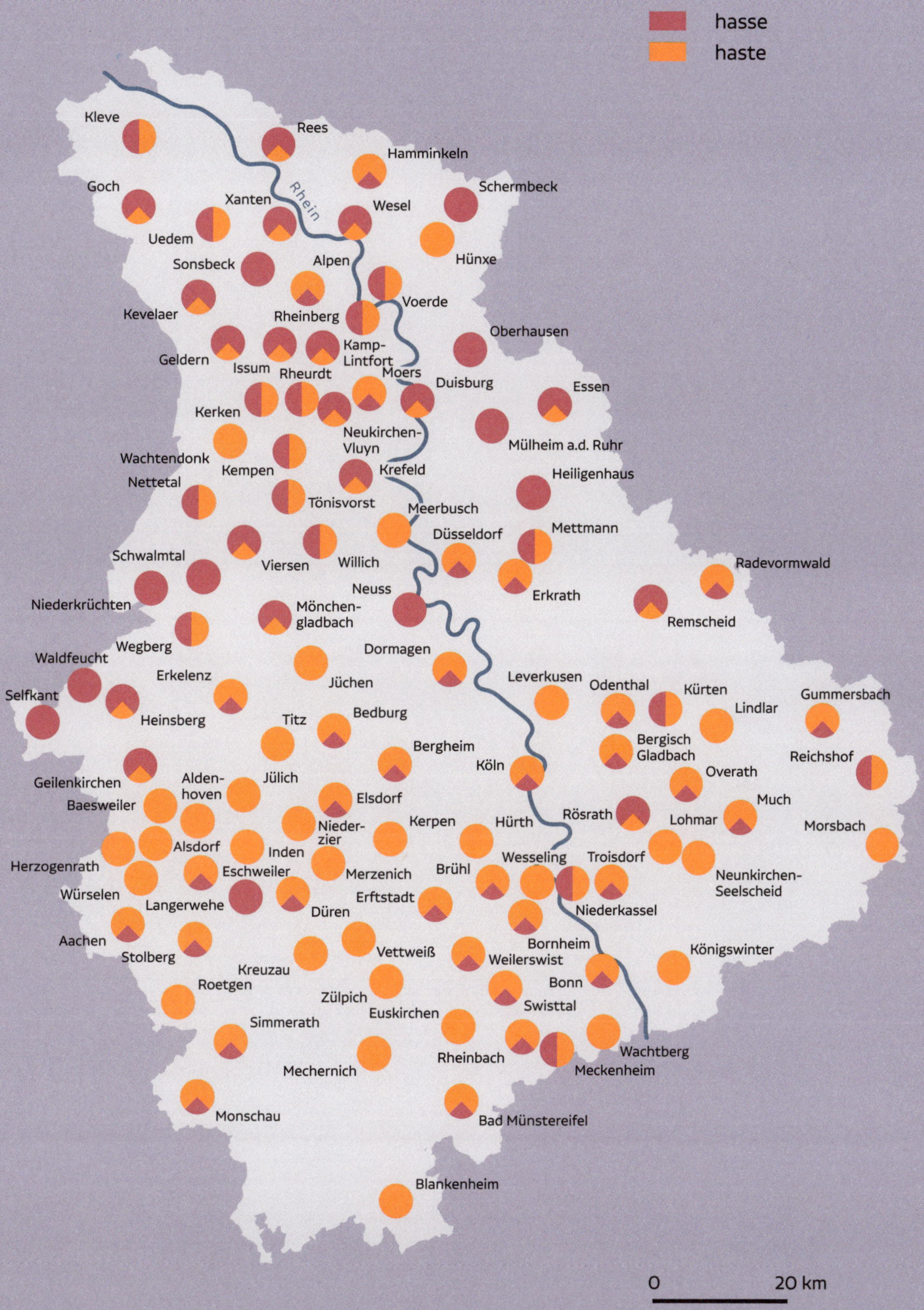

26 27 28 29

Dachrinne oder Kalle

Regiolekt ist nicht gleich Regiolekt – das gilt, wie die Karten dieses Atlas zeigen, in räumlicher Perspektive, das ergibt sich ebenfalls bei einem Generationenvergleich: Die regionalen Sprachoptionen junger Leute sind nicht dieselben wie die der älteren Semester. Die vier Karten stehen wiederum für die vier Altersgruppen: 65plus, 45–64 Jahre, 25–44 Jahre und schließlich die Jugendlichen im Alter von 16 bis 24 Jahren. In geradezu idealtypischer Weise zeigt sich bei einem Vergleich, was sich gegenwärtig im Regiolekt wandelt.

Stellt man die Fragebogen der Senioren (65plus) den Antworten der Gruppe 45–64 gegenüber, ist die räumliche Verteilung der konkurrierenden Bezeichnungen in etwa dieselbe. Zwar sticht *Regenrinne* ■ auf der zweiten Karte ein wenig mehr ins Auge, tatsächlich ist der Unterschied in dieser Hinsicht jedoch gering. Die Areale von *Kalle* ■ und *Kandel* ■ sind wiederum gut zu erkennen, einige Male taucht auch *Kännel* ■ auf. Ganz anders sieht es aus, wenn die dritte Karte einbezogen wird, bei deren Analyse allerdings das Fehlen vieler Kommunen zu berücksichtigen ist. *Regenrinne* ■ breitet sich erkennbar aus, während das Areal von *Kalle* ■ schrumpft. Auch *Dachrinne* ■ wird jetzt dort genannt, wo die beiden älteren Altersgruppen noch *Kalle* haben. Eine weitere Stufe des Wortwandels wird dann auf der Karte für die Jugendlichen (16–24 Jahre) greifbar: Das *Kalle*-Gebiet ist kaum noch zu erkennen, *Kandel* tritt nur noch in Spuren in Erscheinung. Im Übrigen beherrschen *Dachrinne* ■ und *Regenrinne* ■ das Kartenbild. *Regenrinne* ist diejenige Bezeichnung, die von Generation zu Generation immer weiter zunimmt.

Warum? Die jungen Leute benutzen offensichtlich immer seltener die stark vom Dialekt geprägten Bezeichnungen *Kalle* und *Kandel.* Und sie tendieren immer stärker zur *Regenrinne* statt, wie die Erwachsenen, zur *Dachrinne*. Gleich mehrfach ist zu beobachten: Ein Wort ersetzt das andere. Das derzeitige »Zielwort«, *Regenrinne,* weicht von den alten Sprachverhältnissen, von den Dialekten, am weitesten ab. Diesen Prozess kann man als »fortschreitende Entdialektalisierung« der regionalen Umgangssprache bezeichnen. Nicht jedes Element, das eine erkennbare Dialektnähe hat, wird über Bord geworfen, aber die Drift ist unübersehbar.

Zwischen 2011 und 2013 wurde in Bonn eine regionalsprachliche Studie durchgeführt, die auf die dialektale und regiolektale Vielfalt in der Stadt ausgerichtet war. Für die Ebene des Dialekts konnten dabei markante innerörtliche Varianten dokumentiert werden: Auch im 21. Jahrhundert noch »verraten« bestimmte Dialektwörter, in welchem Stadtteil jemand aufgewachsen ist! Die Erhebungen zum Regiolekt waren auf zwei Schritte aufgeteilt. Zunächst wurde ein Fragebogen verschickt, deren Bearbeiter*innen drei unterschiedlichen Altersgruppen zugerechnet wurden. Im Anschluss folgte eine gesonderte Befragung Jugendlicher zu ihrem regionalen Wortschatz.

Auf dem Regiolektfragebogen wurde auch die das Regenwasser aufnehmende Rinne am Hausdach thematisiert. Dabei nannte die Mehrheit der älteren Bonner*innen die Bezeichnung *Kalle (Kall/e, Dachkall/e),* während bei ihnen *Dachrinne* auf dem zweiten Platz und *Regenrinne* auf dem dritten Rang landeten. Dagegen war die Verteilung der Synonyme in der jüngsten Altersgruppe genau umgekehrt: *Regenrinne* vor *Dachrinne* vor *Kalle.* Zur ältesten Gruppe gehörten die über 54 Jahre alten Menschen, die Gewährsleute der jüngsten Gruppe waren zwischen 21 und 34 Jahre alt.

Zu diesem Ergebnis passen die Bonner Angaben auf den vier hier gezeigten Karten: Auf der ersten Karte (65plus) rangiert in Bonn *Kalle* vor *Dachrinne:* sechs der zehn Gewährspersonen hatten *Kalle* angekreuzt, drei *Dachrinne. Kalle* dominiert ebenfalls auf der zweiten Karte, also in der Altersgruppe 45–64 Jahre; hier belegten *Dachrinne* und *Regenrinne* gemeinsam Platz zwei (in Zahlen: 6 - 2 - 2 Gewährsleute). In der Altersgruppe 25–44 Jahre verschieben sich die Gewichte in Bonn: *Dachrinne* 5, *Kalle* 4, *Regenrinne* 3 (bei zehn Informant*innen; mit Mehrfachnennungen). Auf der Karte erscheinen wegen des Kartierungsverfahrens ja nur die beiden häufigsten Synonyme (siehe Abschnitt »Karten zeichnen«). Aus der jüngsten Altersgruppe schließlich (16–24 Jahre alt) hatten sich an der rheinlandweiten Erhebung des Jahres 2005 in Bonn nur fünf Personen beteiligt. Viermal wurde von ihnen *Regenrinne* angekreuzt, zweimal *Dachrinne* (eine Mehrfachnennung).

Umso mehr Jugendliche nahmen dann 2011–2013 an der Bonner Stadtstudie teil: 59 Schüler*innen (ohne Migrationshintergrund, siehe Karte 40). Kaum jemand von ihnen wusste, als danach gefragt wurde, dass *Kalle* eine Dachrinne bezeichnen kann. Von den 59 jungen Leuten konnten 43 überhaupt nichts zur Bedeutung des Wortes sagen. Nur zwei gaben dessen Inhalt mit ›Dachrinne‹ an, zwei andere meinten allgemein ›Rinne‹. Allerdings kannten 12 weitere Jugendliche das Wort aus einem ganz bestimmten Zusammenhang: Im Bonner Raum nennt man die Rinne, die an beiden Seiten eine Kegelbahn begrenzt, umgangssprachlich *Kalle*, und *Kalle* kann dann auch einen Wurf, der beim Kegeln in der Rinne landet, bezeichnen. Offensichtlich wird *Kalle* inzwischen aber auch auf Fehlwürfe beim Bowling übertragen.

Kalle, Kandel und *Kännel* belegen, dass einst die Römer die Herren im Rheinland waren und dass zu ihrer Zeit hier Lateinisch gesprochen wurde: Alle drei Vokabeln gehen auf lateinisch *canalis* zurück. Sie sind im Wesentlichen auf das linke (römische) Rheinufer beschränkt. Im Süden reicht *Kalle* ■ allerdings bis nach Lohmar im Bergischen Land und bis nach Eitorf, wo gleich der Westerwald beginnt. *Kalle* ist die großräumig verbreitete Bezeichnung, während *Kandel* ■ und *Kännel* ■ im Aachener Land beheimatet sind.

Diese drei alten Bezeichnungen für die Rinne am Hausdach wird man in den Dialekten des Rheinlands heute ebenfalls noch hören, wenn vielleicht auch in Konkurrenz zur *Dackrinn/Daachrenn* stehend. Außerhalb des »geschützten Raumes« eines Dialekts aber verliert das sprachliche Erbe der Römerzeit vor unseren Augen seine so lange Zeit konservierte Kolorierung. Vom römerzeitlichen *canalis* bleiben im Rheinland eines Tages vielleicht nur die Kegelrinnenbezeichnungen übrig – und natürlich der hochdeutsche *Kanal*.

Literatur: *Atlas zur deutschen Alltagssprache, Runde 10 (Karte)*
Cornelissen 2008
Post 1982
Rempel 2013

ILR-Fragebogen 8 (2005), Frage 5
Altersgruppe 65 Jahre und älter (S. 118)
Altersgruppe 45–64 Jahre (S. 119)
Altersgruppe 25–44 Jahre (S. 120)
Altersgruppe 16–24 Jahre (S. 121)

Dachrinne oder Kalle (65+ Jahre)

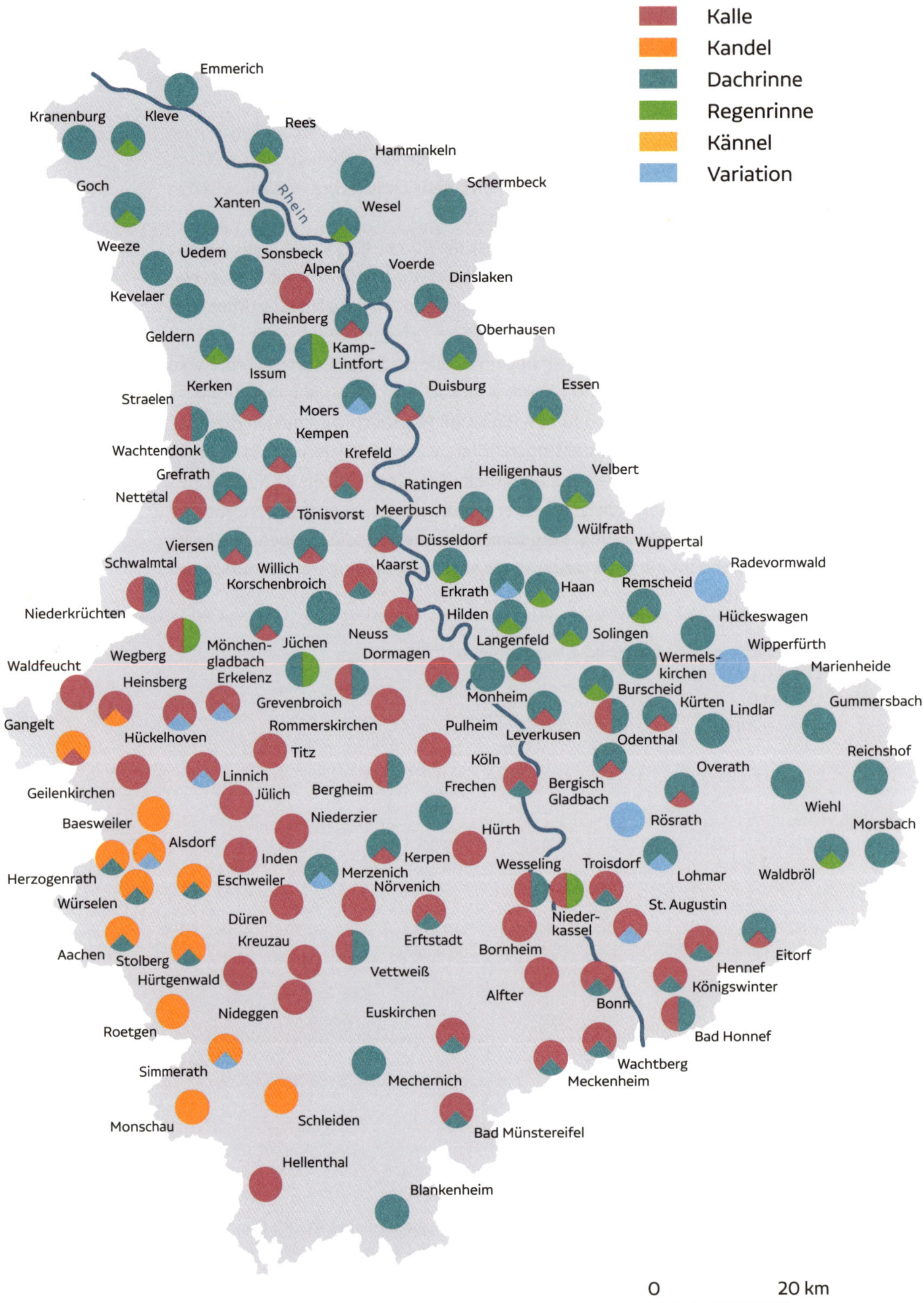

Dachrinne oder Kalle (45–64 Jahre)

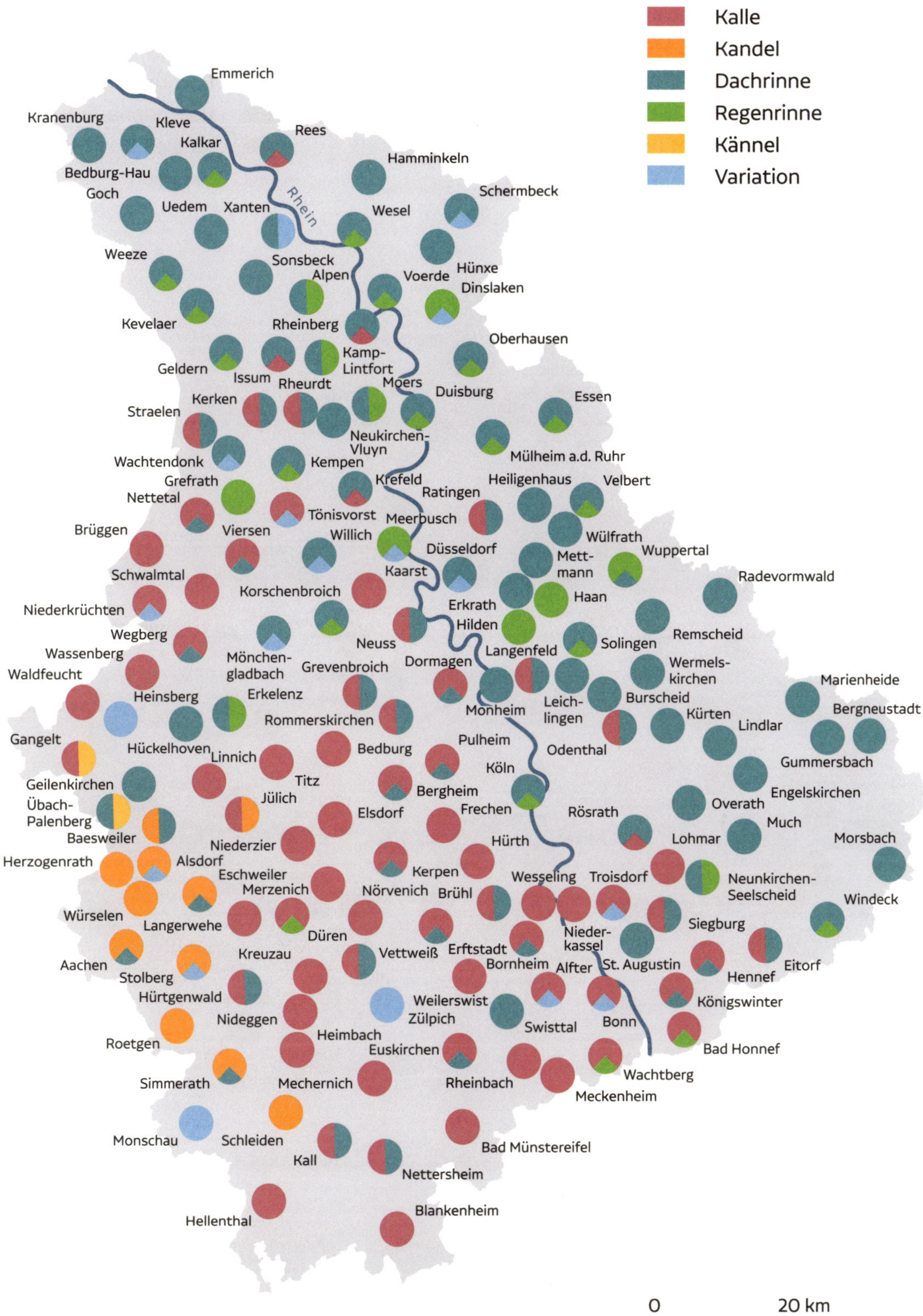

Dachrinne oder Kalle (25–44 Jahre)

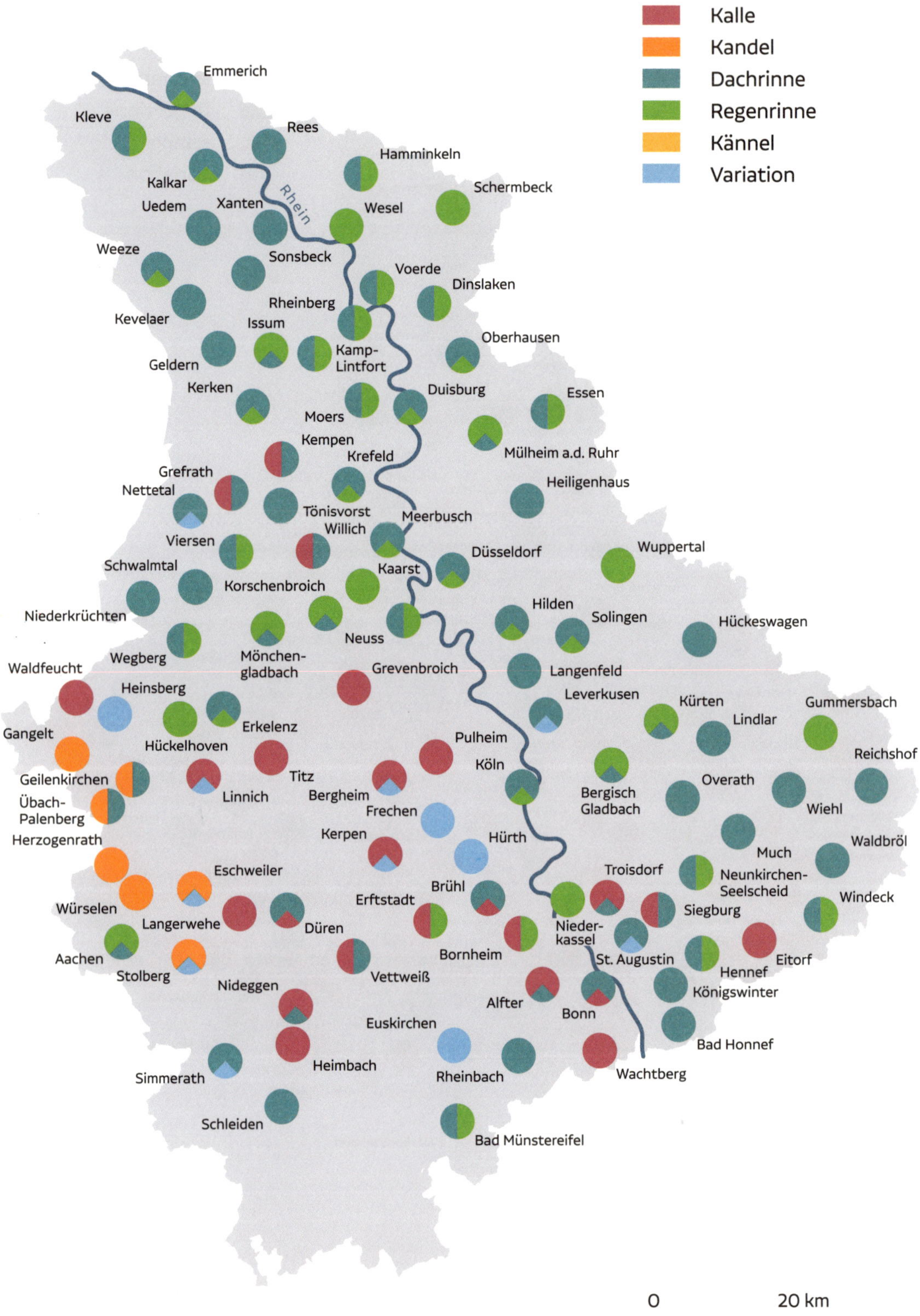

Dachrinne oder Kalle (16–24 Jahre)

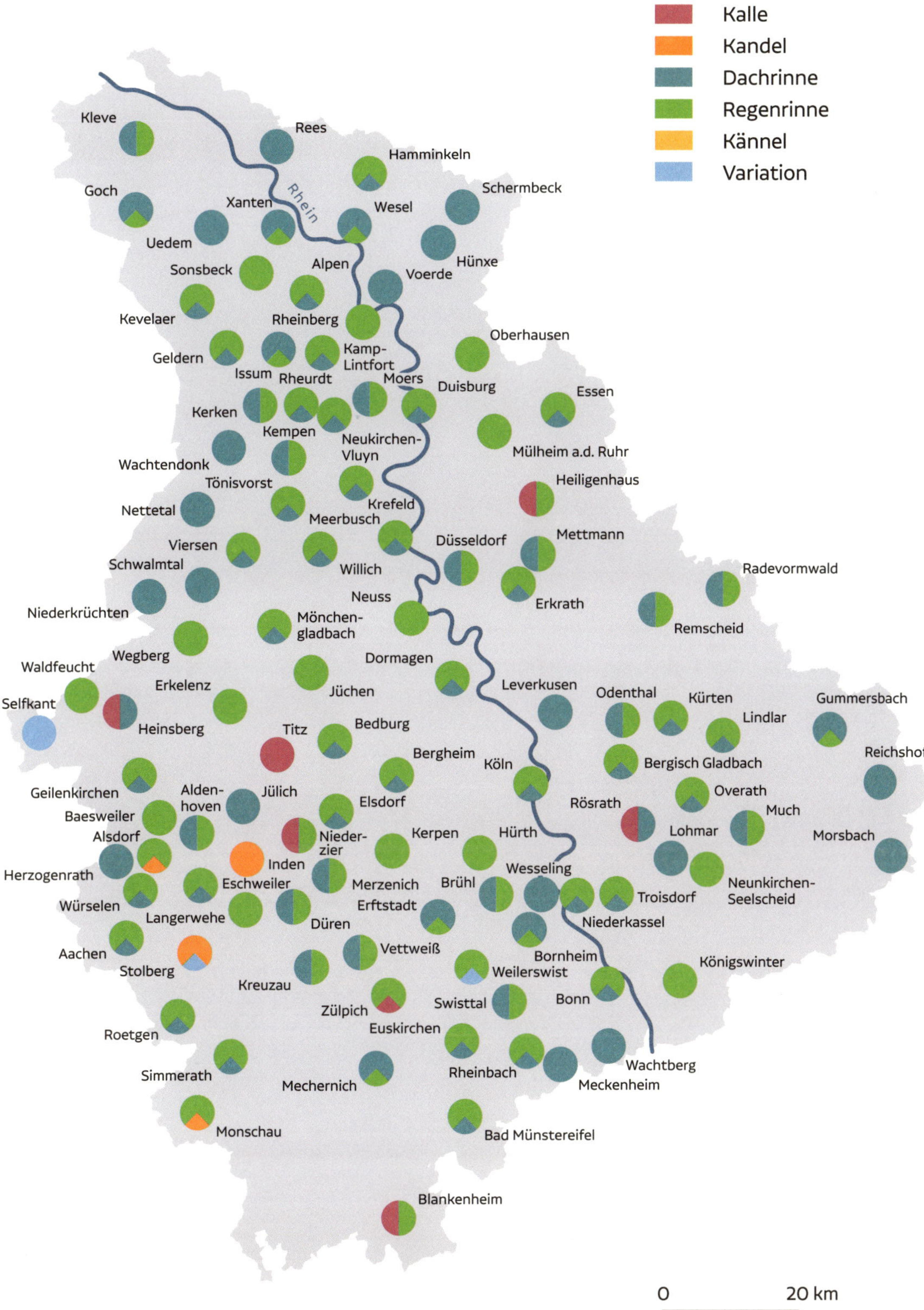

30 31 32 33

Jummi oder Gummi

Zwei deutsche Millionenstädte sind für ihre *j*-Aussprache im *janzen* Land bekannt: Berlin und Köln. *Jans, Jott, jut, jebraten* sind Wortformen, die mit diesen Städten assoziiert werden. Auf der Karte dazu im »Wortatlas der deutschen Umgangssprache« ist zu erkennen, dass beide Metropolen von großen Arealen mit *j*-Anlaut umgeben sind. Im Falle Berlins reicht das *j*-Gebiet nördlich bis nach Mecklenburg und südlich bis zur Saale, während das rheinische *j* sich von Krefeld und Duisburg bis zur Mosel ausdehnt.

Die vier Karten gehen auf den Sprachfragebogen von 2005 zurück, die Anordnung richtet sich wieder nach dem Lebensalter der Gewährsleute: Die Karten der beiden älteren Gruppen (65plus, 45–64) ähneln einander stark, sieht man einmal von der unterschiedlichen Dichte der Belege ab: *Jummi* ■ reicht vom Süden her bis auf die Höhe von Kempen, Krefeld und Ratingen. Nördlich davon wird noch sporadisch *Jummi* gemeldet. Im Osten des Rheinlands zeichnet sich ein schmaler Streifen entlang der Grenze zu Westfalen ab, für den die Gewährsleute wie am unteren Niederrhein *Gummi* ■ ankreuzten. Dass im *j*-Gebiet die Varianten *Jummi/Gummi, Jans/Gans* oder *Jras/Gras* nebeneinander vorkommen, ist zu erwarten: Die regionale Umgangssprache ist offen fürs Hochdeutsche. Die *Jummi*-Belege am Niederrhein und im Ruhrgebiet sind anders zu erklären: Hier haben die ILR-Korrespondent*innen vielleicht an feste Wendungen wie *Jibb Jummi!* gedacht. Man sagt auch: *Jibb Jas!* Sonst sind aber *geben, Gummi* und *Gas* üblich.

In der dritten Altersgruppe (25–44) wird das rheinische *j* schon etwas seltener bestätigt. Ein Umschwung findet dann zur jüngsten Gruppe (16–24 Jahre) hin statt: Im *Jummi*-Gebiet tauchen nun zahlreiche Ortspunkte auf, für die nur noch *Gummi* gemeldet wird. Greift man einmal auf jeder Karte die einfarbigen Diagramme heraus, zeichnet sich folgendes Verhältnis für *Jummi* ■ und *Gummi* ■ ab (in Prozent):

65 plus	76% : 24%
45–64	72% : 28%

25–44	55% : 45%
16–24	11% : 89%

Die jungen Gewährsleute neigten im Jahr 2005, als der Fragebogen ausgefüllt wurde, kaum noch zu *Jummi* und, wie anzunehmen ist, auch nicht zu *Jans, Jott, jut* und *jebraten.* In Mönchengladbach, das im *Jummi*-Gebiet liegt, konnte 2007 eine große Gruppe von Schülern und Schülerinnen zu demselben Thema befragt werden, und zwar im Rahmen eines Projekttags an einem Gymnasium in Rheydt: Thema war die Regionalsprache des Niederrheins. Auf dem von immerhin 189 Jugendlichen ausgefüllten Fragebogen war unter anderem zu lesen:

»Nicht selten ist statt eines g am Anfang eines Wortes oder einer Silbe ein j zu hören: *janz, jut, Jummi, Jott.* Bei wem ist diese Aussprache zu hören?« Vorgegeben waren fünf Antwortmöglichkeiten:

1. vor allem bei älteren Leuten
2. bei Menschen jeden Alters
3. vor allem bei jungen Menschen
4. vor allem bei besser Gebildeten
5. vor allem bei Menschen mit niedrigem Schulabschluss

Mit Abstand am häufigsten wurde die erste Antwort angekreuzt (ältere Leute): 105-mal. Immerhin 22 der Befragten machten ein Kreuzchen bei 5 (niedriger Schulabschluss). Dagegen wählten die Schüler*innen kein einziges Mal die Antwort 4 (besser Gebildete). Aus Sicht dieser Mönchengladbacher Jugendlichen sind *Jummi* und *janz* regionalsprachliche Phänomene, die für die ältere Generation typisch sind. Nicht wenige glauben ferner, dass der *j*-Anlaut irgendwie mit der Schulbildung zusammenhängt.

Ob ein Mensch nun tatsächlich *Jummi* oder *Gummi* sagt, ob sich bei ihm beide Laute am Wortanfang abwechseln und, wenn ja, wie oft er welche Variante hören lässt und nach welchen Kriterien sich die jeweilige Aussprache möglicherweise richtet – das alles lässt sich mit der simplen Frage auf einem Fragebogen nicht klären. Die Möglichkeiten einer solchen Fragebogenerhebung sind unzweifelhaft begrenzt. Aber …

Aber wenn sich an einer solchen Untersuchung viele hundert oder mehrere tausend Menschen beteiligen und ihre Antworten nicht »wild« im Raum verteilt sind, sondern klar bestimmte Muster erkennen lassen, dürfen wir uns Hoffnung machen, Konturen der räumlichen Verteilung bestimmter Varianten in den Blick nehmen zu können. Zweierlei kommt hinzu: Die Gewährspersonen sind in aller Regel bemüht, den Sprachwissenschaftler*innen keinen Bären aufzubinden. Und: Die Ergebnisse der Befragung lassen sich mit bereits vorliegenden Untersuchungen vergleichen und zumindest auf ihre Plausibilität hin überprüfen: Nirgendwo gibt es Hinweise darauf, dass das rheinische *j* im Aufwind ist.

Ob ich *Gummi* oder *Jummi* sage, *janz* oder *ganz*, ist steuerbar. Wenn heute wirklich, wie die jungen Leute aus Mönchengladbach meinen, die *j*-Aussprache zu einem verräterischen Hinweis auf ein niedrigeres Bildungsniveau geworden sein sollte, dürfte das den regionalen Schwenk zum unauffälligen *g (Gummi, Gott, ganz, gut ...)* beschleunigen.

Literatur: *Das rheinische Platt – Eine Bestandsaufnahme 1989*
Eichhoff 1977–2000, Band 2 (Karte 115)

ILR-Fragebogen 8 (2005), Frage 32
Altersgruppe 65 Jahre und älter (S. 126)
Altersgruppe 45–64 Jahre (S. 127)
Altersgruppe 25–44 Jahre (S. 128)
Altersgruppe 16–24 Jahre (S. 129)

Jummi oder Gummi (65+ Jahre)

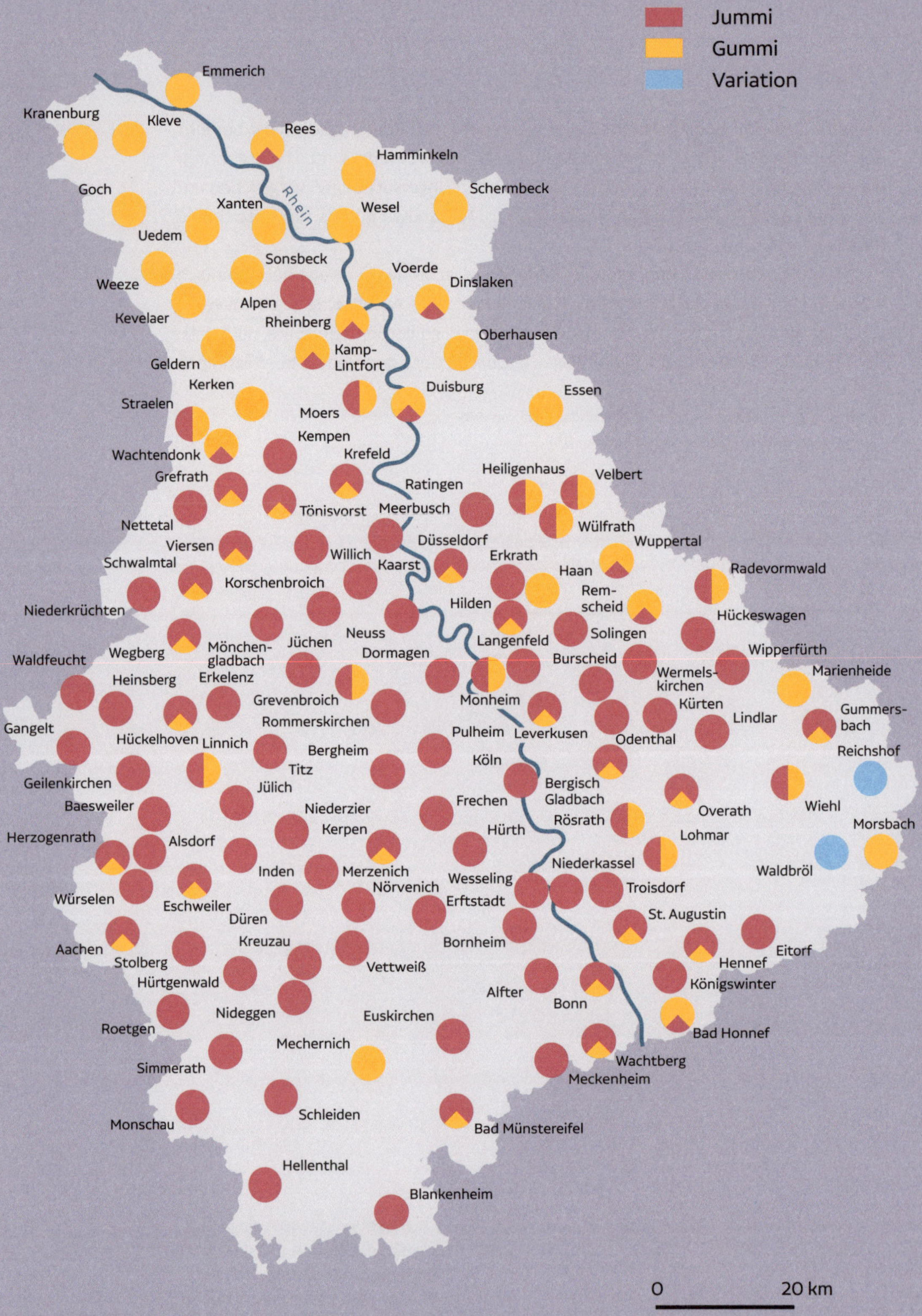

Jummi oder Gummi (45–64 Jahre)

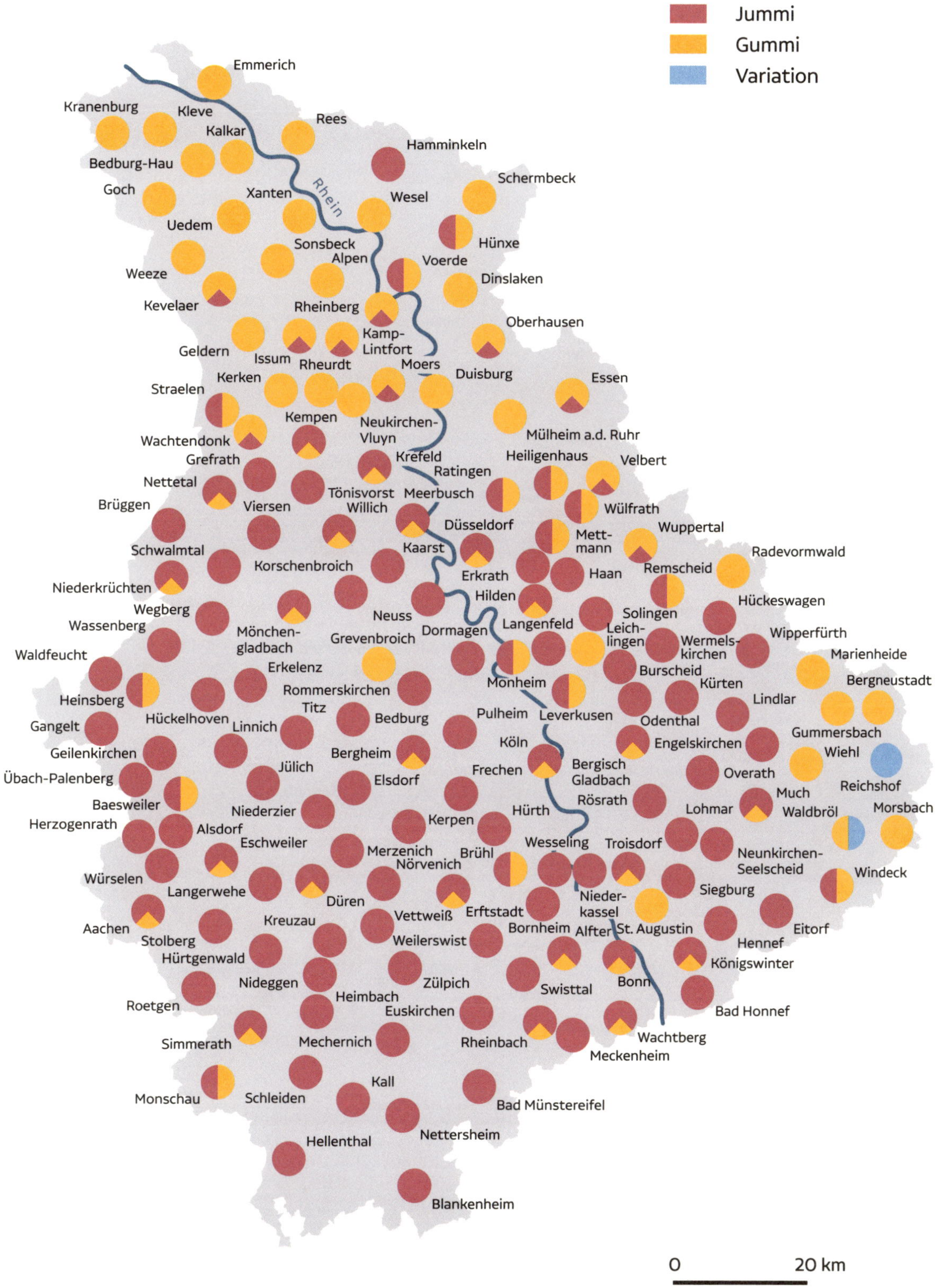

Jummi oder Gummi (25–44 Jahre)

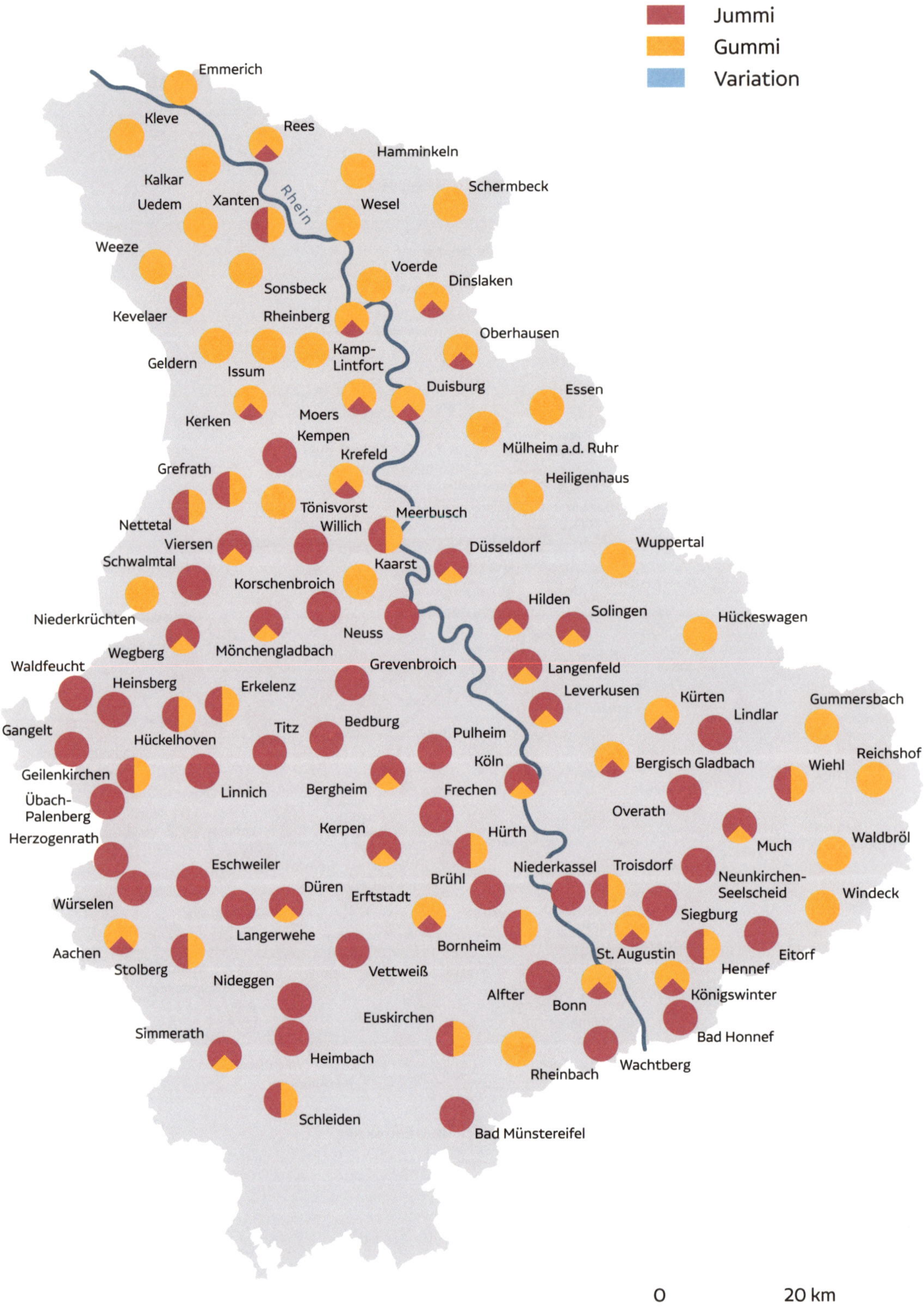

Jummi oder Gummi (16–24 Jahre)

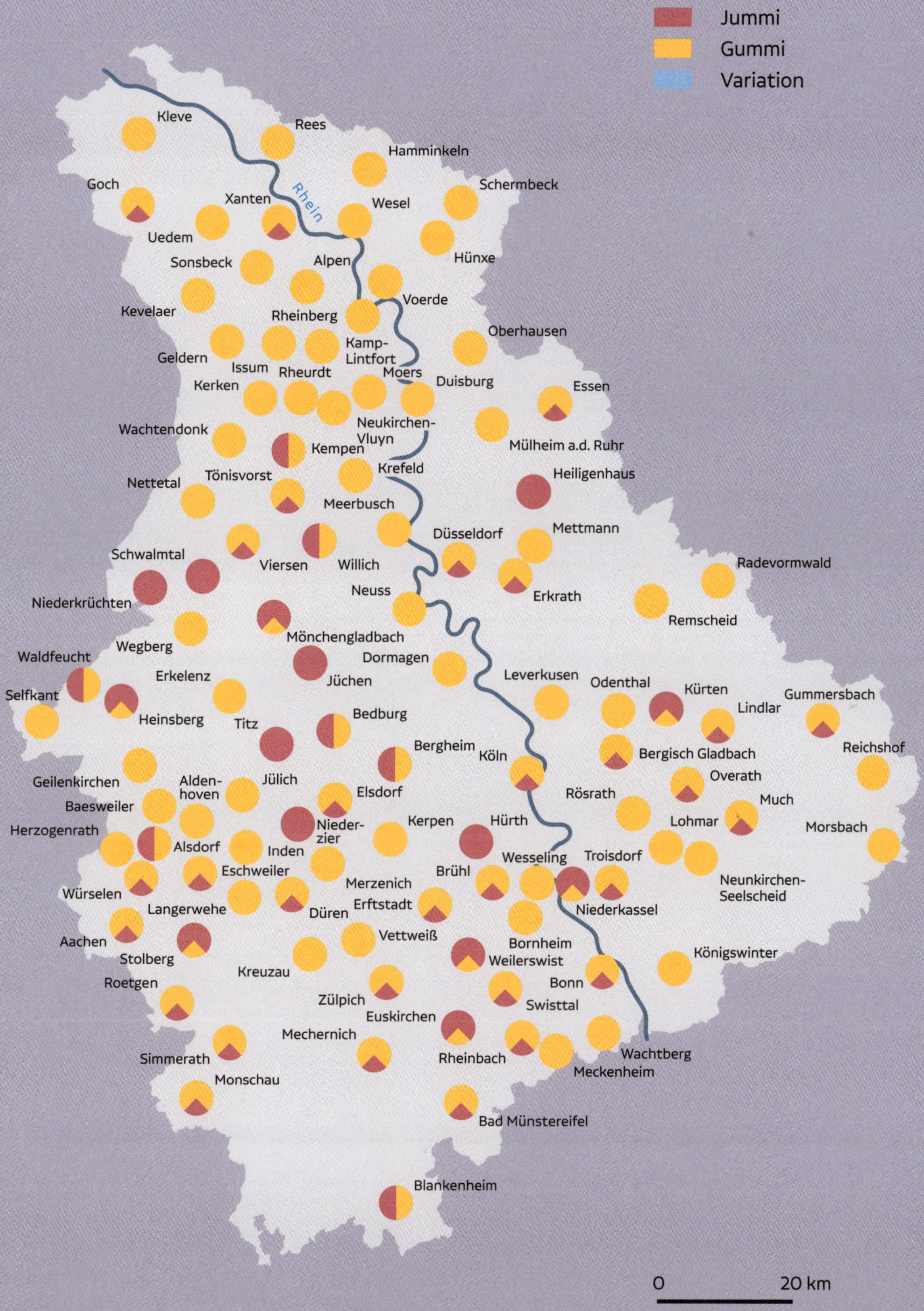

34

Hubbel oder Huckel

»Wie nennen Sie eine ›kleine Unebenheit‹ auf einem Weg?« Auf dem Fragebogen von 2012 waren dazu die Bezeichnungen *Hubbel* und *Huckel* vorgeschlagen worden. Die Karte mit den Ergebnissen lässt eine Zweiteilung des Gebiets erkennen: Während im Norden – am unteren Niederrhein, in den Städten des Ruhrgebiets und im Niederbergischen – *Huckel* ■ dominiert, wurde im übrigen Rheinland vor allem *Hubbel* ■ genannt. Die Zweiteilung zeichnet sich recht scharf auf der Karte ab.

Wer im Rechtschreib-Duden (2017) nachschlägt, wird nur eines der beiden Wörter finden – *Hubbel,* mit dem Zusatz, dass es sich um ein landschaftliches Wort handelt; auch das Adjektiv *hubbelig* wurde aufgenommen. Keinen Eintrag hat also *Huckel* bekommen, ebenso wenig *huckelig*. Beide müssten alphabetisch zwischen *Huckebein* (landschaftlich für ›Hinkebein‹) und *hucken* (›auf den Rücken laden‹, ebenfalls landschaftlich verbreitet) stehen.

Die nächste Frage zielte 2012 auf die Mehrzahlform des zuvor genannten Wortes (also *Hubbel* oder *Huckel*) ab. Während der *s*-Plural *(Huckels/Hubbels)* vor allem am unteren Niederrhein genannt wurde, ist *Hubbele/Huckele* eine grammatische Variante des südlichen Rheinlands. *Hubbel/Huckel* (Mehrzahl ohne Markierung!) besetzt einen Zwischenraum zwischen Nord und Süd und taucht verstreut überall auf, während *Hubbeln/Huckeln* eher selten genannt wurde. Die alten Dialekte und ihre grammatischen Strukturen wirken offenbar im Regiolekt nach, was beim niederrheinischen *s*-Plural auf der Hand liegt. Schwer zu interpretieren sind die vielen Meldungen von *Hubbele (Huckele),* bei denen man den Verdacht hegen könnte, dass hier manche Gewährsleute in den Dialekt gefallen sind. Einige Male wurde *Hübbel* als Plural von *Hubbel* festgehalten, grammatisch »überboten« noch von *Hübbele*.

In Essen fand im Jahr 2009 eine Befragung Jugendlicher zu ihrem regionalen Wortschatz statt. Von 40 jungen Leuten gaben nicht weniger als 34 zu Protokoll, *Huckel* zu kennen. *Huckel* und *Hubbel* gehören zu denjenigen Wörtern im regionalen Angebot, für die das Hochdeutsche eigentlich keine echte Alternative bietet. Das ist ein Plus.

Wer sich für den Wintersport begeistern kann, liebt möglicherweise *Buckelpisten*. Gäbe es im Rheinland Skigebiete, hießen sie vielleicht *Hubbelpiste* oder – beispielsweise im Ruhrgebiet – *Huckelpiste*. Es sei denn, dass sich ein *Buckel* durch eine stärkere Wölbung von einem *Hubbel* oder einem *Huckel* abhebt. Dann wären *Hubbel-* oder *Huckelpisten* eben etwas für Anfänger.

Literatur: *Cornelissen 2010*
Duden Rechtschreibung 2017 (S. 562 Hubbel, Huckebein)

ILR-Fragebogen 10 (2012), Frage 9
Altersgruppe 45–64 Jahre

Hubbel oder Huckel

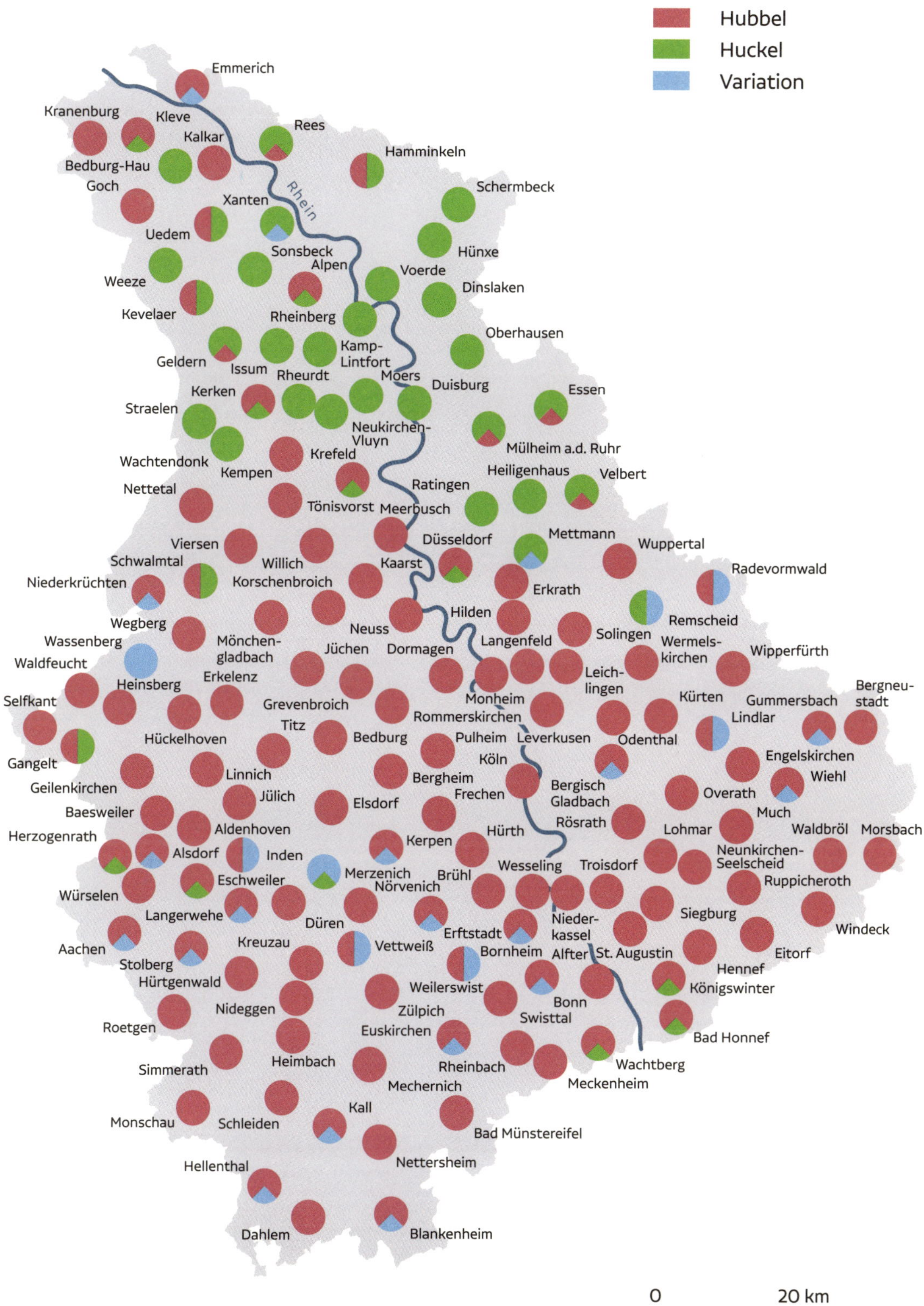

35

Schluffen oder Schluppen

Wo stehen denn nur meine *Patschen?* Oder meine *Finken?* Oder meine *Schlapfen?* Alle drei Wörter sind Bezeichnungen für Hausschuhe – allerdings nicht im Rheinland. Die *Finken* sucht man, wenn man sie am Abend vorher verstellt hat, am nächsten Morgen in Schweizer Wohnungen, *Patschen* oder *Schlapfen* in Österreich.

Wenn es um die Hausschuhe geht, muss man unterscheiden, zumindest zwischen den warmen und den anderen Modellen. Das Foto auf dem Fragebogen von 2012 zeigte warme, hinten offene Exemplare dieser Fußbekleidung. *Schluffen* ■ gebrauchen die Menschen am linken Niederrhein, im Bergischen Land rechts des Rheins sowie im südlichen Rheinland – ein nicht gerade häufiges Muster. *Schluppen* ■ ist ein Wort, das vorzugsweise im Linksrheinischen verwendet wird, im Gebiet zwischen Viersen und der Nordeifel bildet es ein geschlossenes Areal. Dagegen begegnen die *Schlappen* ■ sowohl im Norden als auch im Süden. Das Wort *Schluppen* wirkt wie am Reißbrett entworfen: als ideales Glied zwischen *Schluffen* und *Schlappen*.

Die hochdeutsche Bezeichnung *Pantoffeln* ■ taucht an den verschiedensten Stellen auf der Karte auf. *Puschen* ■ schließlich ist ein norddeutsches Wort, das im Rheinland wohl (noch) selten zu finden ist; *inne Puschen kommen* oder *aus de Puschen kommen* wird aber manchen schon bekannt sein als Variante zu *inne Pötte kommen* oder *in de Gänge kommen* ›(endlich) loslegen‹. *Pantoffeln* und *Puschen* sind also nicht den alten Dialekten zu verdanken, sondern stehen für den Einfluss des Hochdeutschen und für die Offenheit der Umgangssprache im Rheinland für regionale Wortimporte aus anderen Teilen Deutschlands. Damit bewegen sich die *Puschen* im Raum wie die *Stullen* (siehe Karte 20).

Das Kartenbild bietet eine interessante Konstellation, bei der regional beheimatete Synonyme *(Schluffen, Schluppen)* mit standardsprachlichen und »auswärtigen« Synonymen *(Pantoffeln, Puschen)* konkurrieren. Die Hausschuhe auf dem Foto waren, dies sei wiederholt, deutlich als warme, wintertaugliche Exemplare zu erkennen. Dass dann doch so oft *Schlappen* angekreuzt wurde, wird manchen vielleicht überraschen.

Auf einer Karte für das gesamte deutsche Sprachgebiet zwischen Flensburg und Südtirol nehmen die *Schlappen* einen recht großen Raum ein. Er reicht von Luxemburg im Westen über Frankfurt und Mannheim bis nach Nürnberg und an die Grenze zu Tschechien. Auch auf dieser großen Karte geht es um warme und bequeme Pantoffeln: *Schlappen* können also definitiv aus Filz sein! Wenn am Niederrhein dann aber von *Schläppkes* die Rede ist oder wenn jemand aus dem südlichen Rheinland seine *Schläppschen* sucht, kann ganz leichtes Schuhwerk gemeint sein, das man unter der Dusche an den Stränden Mallorcas auch nicht auszieht.

Literatur: *Leemann/Elspaß/Möller/Grossenbacher 2018 (Karte)*

ILR-Fragebogen 10 (2012), Frage 3
Altersgruppe 45–64 Jahre

Schluffen oder Schluppen

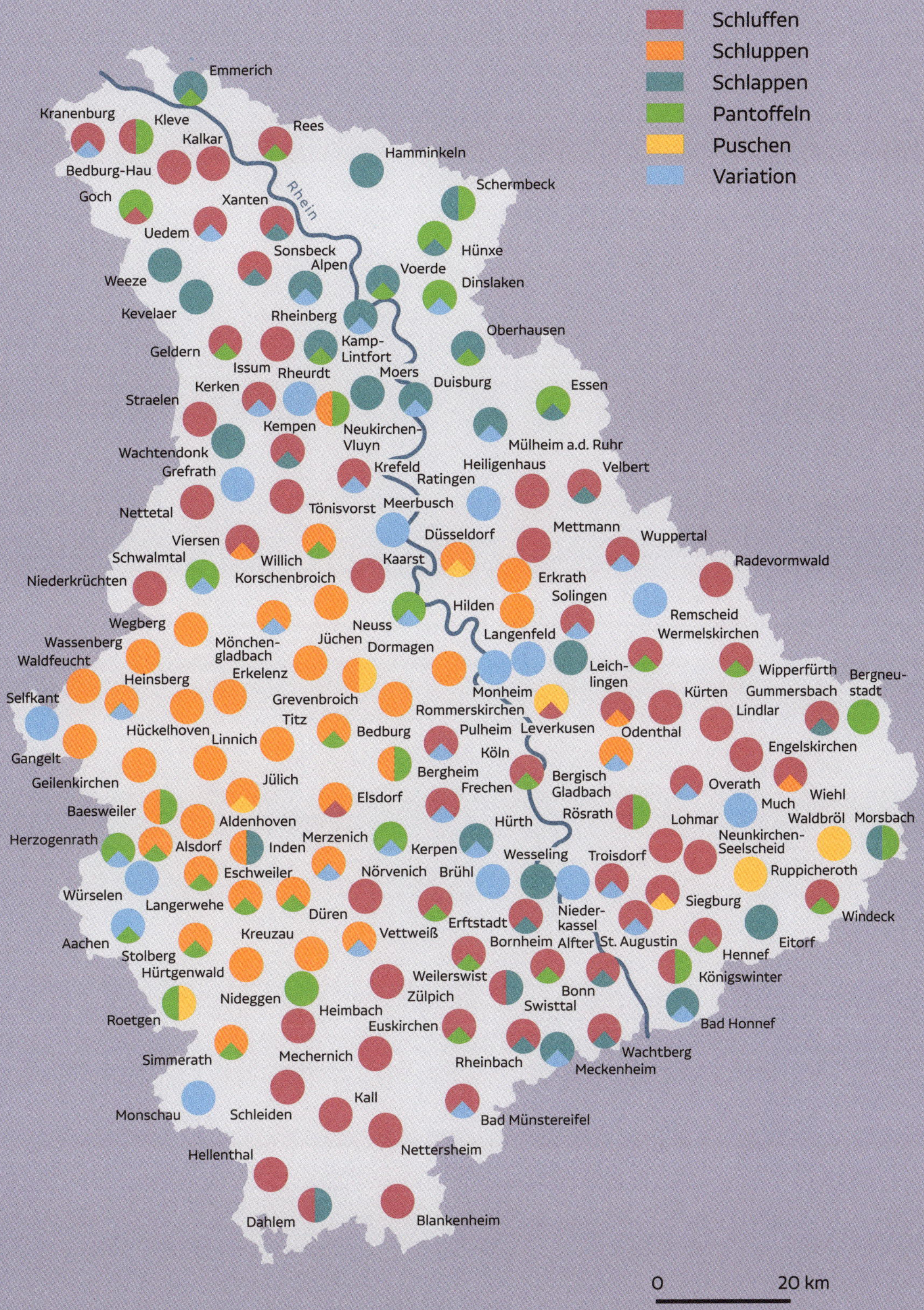

36

Kitsche oder Kroos

Im Jahr 1923 wurde der Fragebogen 38 für das damals im Entstehen begriffene »Rheinische Wörterbuch« verschickt. Darauf sollten die Gewährsleute unter anderem ihre Dialektbezeichnung für den ›Apfelrest‹ (das, was nach dem Verzehr übrig bleibt) nennen. Am unteren Niederrhein, von Emmerich bis fast auf die Höhe Kempens, sagte man damals *Kroos;* südlich davon herrschte *Kitsch (Ketsch)* vor, dessen Verbreitungsgebiet auch noch Bonn und Nettersheim einschloss. Außer diesen beiden Bezeichnungen kannte man seinerzeit zwischen Kleve im Norden und Bad Honnef und Blankenheim im Süden noch eine ganze Anzahl weiterer Wörter für das Apfelkerngehäuse, die allerdings jeweils kleinere Areale in Beschlag nahmen.

Die hier präsentierte Karte weist, blickt man einmal auf das große Ganze, dasselbe Grundmuster auf. Sie basiert jedoch auf einem 89 Jahre später (2012) ausgefüllten Fragebogen und dokumentiert nicht die Verhältnisse im Dialekt, sondern im heutigen Regiolekt. *Kroos* ■ dominiert im Norden, *Kitsche* ■ in den übrigen Regionen. Am rechten Niederrhein ist für Voerde und Dinslaken *Knosch* ■ genau dort belegt, wo es nach den Angaben des »Rheinischen Wörterbuchs« auch erwartet werden konnte. Dasselbe gilt für *Knitsche* ■ im Raum Frechen-Erftstadt, für *Pick* ■ im rechtsrheinischen Rhein-Sieg-Kreis oder für *Nüssel* ■ in Gummersbach.

Nicht alle alten Dialektbezeichnungen tauchen auf der modernen Regiolektkarte wieder auf, aber die Zahl der regionalen Varianten – und das bedeutet: der Farbenreichtum dieser Karte – ist doch noch immer beeindruckend: Ältere Menschen im Rheinland verwenden heute noch regionale Bezeichnungen – wenn sie sich in der regionalen Umgangssprache bewegen.

Die »hochdeutschesten« Bezeichnungen für den Apfelrest sind vielleicht *Butzen* oder *Strunk*, in geschriebenen Texten trifft man auf *Kerngehäuse* – ein Wort, das auf der Karte fehlt. Dagegen wird *Kerngehäuse* als Stichwort in (hoch)deutschen Wörterbüchern verzeichnet, in denen auch mit Einträgen wie *anheimfallen, Antlitz, Grabeskälte, obliegen* oder *Verlebendigung* zu rechnen ist. Es sind Wörter eines »gehobenen« Stils, mit dem sich die regionale Alltags- und Umgangssprache nicht vergleichen lassen muss. Wenn die Menschen »unter sich« und alltägliche Sprachformen angesagt sind, wird niemand mit *Kroos* negativ auffallen – es sei denn, er oder sie ist dorthin umgezogen, wo man *Kitsche, Knitsche* oder wieder etwas Anderes sagt.

Das niederrheinische Wort *Kroos* ist wohl dem Niederländischen zu verdanken, die ursprüngliche Bedeutung ist ›Eingeweide‹. Verwandt ist das Wort mit deutsch *Gekröse*. Die *Kitsche* kann im Rheinland eine *Appelkitsche* sein, sie taucht aber auch auf, wenn es um eine ›Kerbe‹ oder um eine ›Scharte‹ geht. Ein Möbelstück, das viele *Kitschen* hat, taugt nur noch bedingt als Blickfang im Wohnzimmer.

Literatur: *Atlas zur deutschen Alltagssprache, Runde 11 (Karte)*
Debrabandere 2011
Eichhoff 1977–2000, Band 2 (Karte 97)
Lausberg/Möller 2000 (Karte 15)
Rheinisches Wörterbuch 1928–1971, Band 4 (Karte 18)

ILR-Fragebogen 10 (2012), Frage 11
Altersgruppe 45–64 Jahre

Kitsche oder Kroos

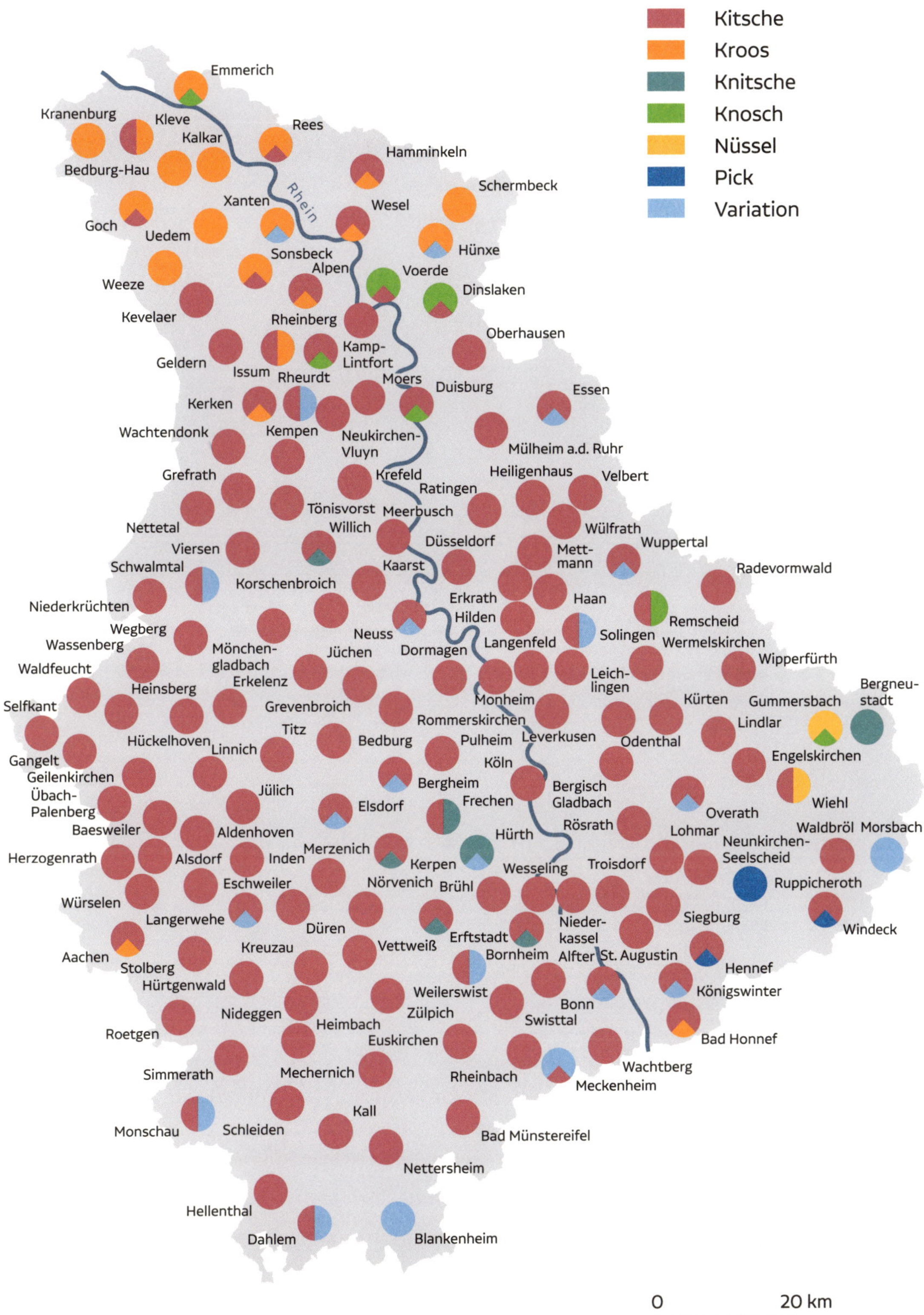

37

Mädchen oder Mädschen

Nicht wenige Menschen im Rheinland sprechen sowohl Dialekt als auch Umgangssprache und Hochdeutsch. Das phonetische Inventar der drei Sprachlagen ist dabei nicht völlig dasselbe. Zu den in jeder Hinsicht identischen Lauten gehören das *d* und das *t*, man denke etwa an das *d* in *dat* und *das:* Beide Wörtchen werden mit demselben Dental am Wortanfang ausgesprochen, so dass sich *dat* und *das* lediglich im Auslaut unterscheiden. Oder man denke an das *t* in *Bett:* Ob Dialekt, Regiolekt oder Standardsprache: Die Aussprache des Wortes ist von vorn bis hinten gleichlautend: vom *b* über das kurze *ä* (*e* geschrieben) bis hin zum *t* (das ja nur einmal gesprochen, aber doppelt geschrieben wird). *En Bett is en Bett ist ein Bett.*

Andere Laute des Rheinlands sind kniffliger, allen voran der »*ich*-Laut«. Eine Tagesschausprecherin lässt ihn in *ich* oder *richtig* stets mit großer Selbstverständlichkeit hören. Dasselbe ließe sich auch über die Artikulation der Einwohner*innen von Weeze oder Oberhausen sagen. In Simmerath oder Siegburg aber ist mit anderen phonetischen Verhältnissen zu rechnen.

Den historischen Hintergrund dafür bietet die zweite Hälfte des 19. Jahrhunderts. Damals breitete sich im Rheinland vom Süden (von der Mosel) her eine neue Aussprache des *ich*-Lautes aus. Will man sie mit den Buchstaben des Alphabets festhalten, kann man *isch* und *rischtisch* schreiben. Bekannt ist dieses phonetische Phänomen als »Koronalisierung«. Wer sich damals die neue Aussprache aneignete, verlor in der Regel den *ich*-Laut: Er konnte ihn einfach nicht mehr aussprechen, weder im Dialekt *(Esch schpreisch Platt)* noch im Hochdeutschen *(Isch spresche Hochdeutsch)* oder in der regionalen Umgangssprache *(Isch spresch, wie et mir jefällt)*. Das führte in der Schule bei schriftlichen Arbeiten zu Problemen: *Fenschel* oder *Fenchel? Morcheln* oder *Morscheln?*

Die Karte beruht auf den Angaben, die die ILR-Gewährspersonen auf dem Fragebogen von 2005 gemacht haben. *Mädschen* ■ ist – wie zu erwarten war – im Süden des Rheinlands anzutreffen. Am unteren Niederrhein wurde die *Mädschen*-Variante von den Fragebogenbearbeiter*innen bestritten, ebenso im Osten des Bergischen Landes, wo vor allem *Mädchen* ■ genannt wurde. Damit entsteht ein Kartenbild, wie es von der Regionalsprachenforschung im Rheinland schon häufig gezeichnet worden ist: Es zeigt eine sprachliche Neuerung *(Mädschen)*, die sich vom Süden her ausgebreitet hat, die Kommunikationswege entlang des Rheins als Schiene nutzend, von wo aus sie nach Westen und, mit geringerer Reichweite, nach Osten weitergegeben wurde; der Niederrhein im Norden blieb ausgespart. Von Ort zu Ort muss sich die *isch*-Aussprache seinerzeit ausgebreitet haben, bis dieser Prozess im Norden und im Osten der damaligen preußischen Rheinprovinz zum Stillstand kam. Wer hat anno dazumal dafür gesorgt? Der Kaiser in Berlin wird es wohl nicht gewesen sein! Ebenso wenig die Bezirksregierung in Düsseldorf oder Köln.

Mädken ■ ist nur einmal auf der Karte zu finden: für Schermbeck ganz im Osten des Kreises Wesel. Mit dieser Variante war flächendeckend auch nicht zu rechnen, weil die Entsprechung in den Dialekten kein *k* enthält. Denn Grundwörter auf *-d (-t)* bilden die Verkleinerungsform mit anderen Suffixen: *Pöttje, Pöche, Pöttsche:* der kleine *Pott* (siehe Karte 17). So auch *Mädje, Mäche, Mädsche.* Allerdings waren in den alten Dialekten andere Bezeichnungen für ein Kind weiblichen Geschlechts frequent: *Dern* oder *Weit*. In Düsseldorf heißen zwei Traditionsvereine bezeichnenderweise *»Düsseldorfer Jonges«* und *»Düsseldorfer Weiter«*.

Viel häufiger als *Mädken* wurde im Rahmen der Fragebogenerhebung *Mädjen* ■ genannt, vermutlich sehr zu Recht. Wie in *bissjen* (siehe Karte 17) oder *Fässjen* dürfte *-jen* hier phonetisch »stimmen«.

Für das Rheinland liegt eine Karte zur Koronalisierung in den Dialekten vor, die auf den Verschriftungen von Tonaufnahmen beruht. Das Verbreitungsgebiet der *sch*-Aussprache hat darauf im Wesentlichen dieselbe Ausdehnung wie auf der Regiolektkarte. Auf dieser fehlt aufgrund der Datenlage die Gemeinde Selfkant, sie liegt unmittelbar an der niederländischen Grenze westlich von Heinsberg. Folgt man den Tonaufnahmen, ist die Koronalisierung in den dortigen Dialekten nicht zu finden. Wenn für den Regiolekt innerhalb des Koronalisierungsgebiets auch immer wieder *Mädchen* ■ gemeldet wurde, so braucht das nicht zu verwundern. Denn heute ist vieles in Bewegung, mit Variation muss gerechnet werden. Dass manchen Probanden die phonetische Problematik nicht bewusst ist, so dass sie *Mädchen* angekreuzt hätten, obwohl sie selbst *Mädschen* sagen, ist möglich. Aber die Koronalisierung ist ein im Rheinland sehr bekanntes Phänomen, das nicht zuletzt auch Thema vieler Sprachwitze ist, etwa wenn nach dem Unterschied zwischen *Kirche* und *Kirsche* gefragt wird.

Die für die Dialektkarte ausgewerteten Verschriftungen stammen aus der Dokumentation »Das rheinische Platt – Eine Bestandsaufnahme« (1989). Darin sind Tonaufnahmen von nicht weniger als 340 Dialektsprechern und Dialektsprecherinnen zusammengetragen worden, so auch aus dem zu Hamminkeln gehörenden Loikum am rechten Niederrhein. In einer Aufnahme von dort wird über Weihnachten früher erzählt: *»Do hatt die up en Mool ball twentich Pond Koffi op-n Des stohn«*. Subjekt ist hier die Großmutter des Erzählenden, die von dem zahlreichen Festtagsbesuch so viel Kaffee geschenkt bekommt, dass sie bald zwanzig Pfund auf dem Tisch stehen hat! Dem mundartlichen *twentich* entspräche im Regiolekt *zwanzich*. Eine andere Aufnahme aus dem Dokumentationsprojekt von 1989 stammt aus Lindlar im Bergischen Land. Thema ist diesmal das Einkaufen, wie es sich vor sechs Jahrzehnten dargestellt hat: *»Noch nie hätt sisch die Welt en kuëte Ziet so verändert wie en den letzden seksisch Johren.«* In Lindlar wird also koronalisiert: *sisch, seksisch*. Das Zahlwort sechzig kann im Regiolekt, zumindest bei älteren Leuten, wohl ebenfalls *seksisch* lauten; es klingt dann genau wie *sächsisch*.

Eine in dieser Hinsicht interessante Kleinregion liegt zwischen Geldern und Kempen am unteren Niederrhein. Im Dialekt dort sind Verkleinerungsformen wie *Pöttsche, Wörtsche* oder *Bettsche* beheimatet; koronalisiert wird jedoch nicht, da das *sch*-Gebiet, wie auch auf der Regiolektkarte abzulesen ist, nur bis etwa auf die Höhe Kempens reicht (siehe Karte 17). So ist also in Geldern, Issum oder Nieukerk (Kerken) mit folgenden Sätzen zu rechnen:

Dialekt: *Ek lech gemütlek* (oder *gemütlech*) *in et Bettsche.*
Regiolekt: *Ich liech gemütlich in et Bettchen.*
Hochdeutsch: *Ich liege gemütlich im Bettchen.*

Im Dialekt zwischen Kempen und Geldern wurde das ›Mädchen‹ früher *Denn* (zu *Dern*) genannt, heute heißt es wohl zumeist *Mädsche;* die Regiolektvariante lautet *Mädchen*. Dass auf einem Gelderner Fragebogen zum Regiolekt dann aber auch mal *Mädschen* auftauchen kann (siehe Karte), verwundert nicht. Anders verhält es sich mit dem *Mädschen* von Hamminkeln (Kreis Wesel): Das hat sich verlaufen.

Bei dieser Karte handelt es sich um eine »Lautkarte«: Kartiert werden die phonetischen Varianten von ›Mädchen‹, die mit Hilfe eines Regiolektfragebogens ermittelt worden sind. Zu vermuten ist, dass eine themengleiche Karte für das gesprochene – nicht für das geschriebene – Hochdeutsche dieses Raums ein ganz ähnliches Aussehen hätte – nur das Schermbecker *Mädken* und das Gelderner (und wohl auch das Straelener) *Mädschen* würden darauf fehlen sowie natürlich auch das *Mädschen* aus Hamminkeln.

Auf dem Umschlag des »dtv-Atlas Deutsche Sprache« ist ebenfalls eine Mädchen-Karte abgebildet, allerdings eine »Wortkarte«, genauer eine »Bezeichnungskarte«. Sie zeigt die verschiedenen dialektalen Bezeichnungen für das ›Mädchen‹ im deutschen Sprachgebiet in früherer Zeit, vor etwa einem Jahrhundert. Im Raum zwischen Emmerich und Eifel sind drei verschiedene Wörter eingezeichnet. Für den unteren Niederrhein liest man *Deern* (mit den Lautvarianten *Dern* und *Dän*); dem entspricht *Denn* in Geldern und Kempen (siehe oben). Daran schließt sich *Weit* an (»Düsseldorfer *Weiter*«, siehe oben). Westlich und südlich davon, etwa in Aachen, Köln und Bonn, ist *Mädche* (mit der Variante *Mädje*) eingetragen.

Mit dem niederrheinischen *Weit* korrespondiert auf der Dialektkarte *Wicht* im Emsland und in Ostfriesland, während sich *Deern* in Norddeutschland, unter anderem in Bremen, Hamburg und in Mecklenburg, wiederholt. Der größte Teil des deutschen Sprachraums hat allerdings Varianten von ›Mädchen‹ (*Mäken, Mädle, Maidli* und viele andere mehr), der Südosten schließlich (Bayern, Österreich) verwendet *Diandl* (und Varianten). Auf der Karte finden sich außerdem Areale weiterer Dialektwörter, sie sind jedoch allesamt deutlich kleiner. *Diandl* könnte man auch *Dirndl* schreiben. Damit wird man außerhalb Bayerns und Österreichs vor allem bestimmte Kleidungsstücke assoziieren, die aber vollständig *Dirndlgwand* heißen. Das *Dirndl* ist eigentlich ein Mädchen.

Literatur: *Das rheinische Platt – Eine Bestandsaufnahme 1989 (S. 77 und S. 285 Zitate, Schreibung geändert)*
Dicks 1998
Herrgen 1986
König/Elspaß/Möller 2019 (Karte)
Nagel 2013 (Karte)

ILR-Fragebogen 8 (2005), Frage 31
Altersgruppe 45–64 Jahre

Mädchen oder Mädschen

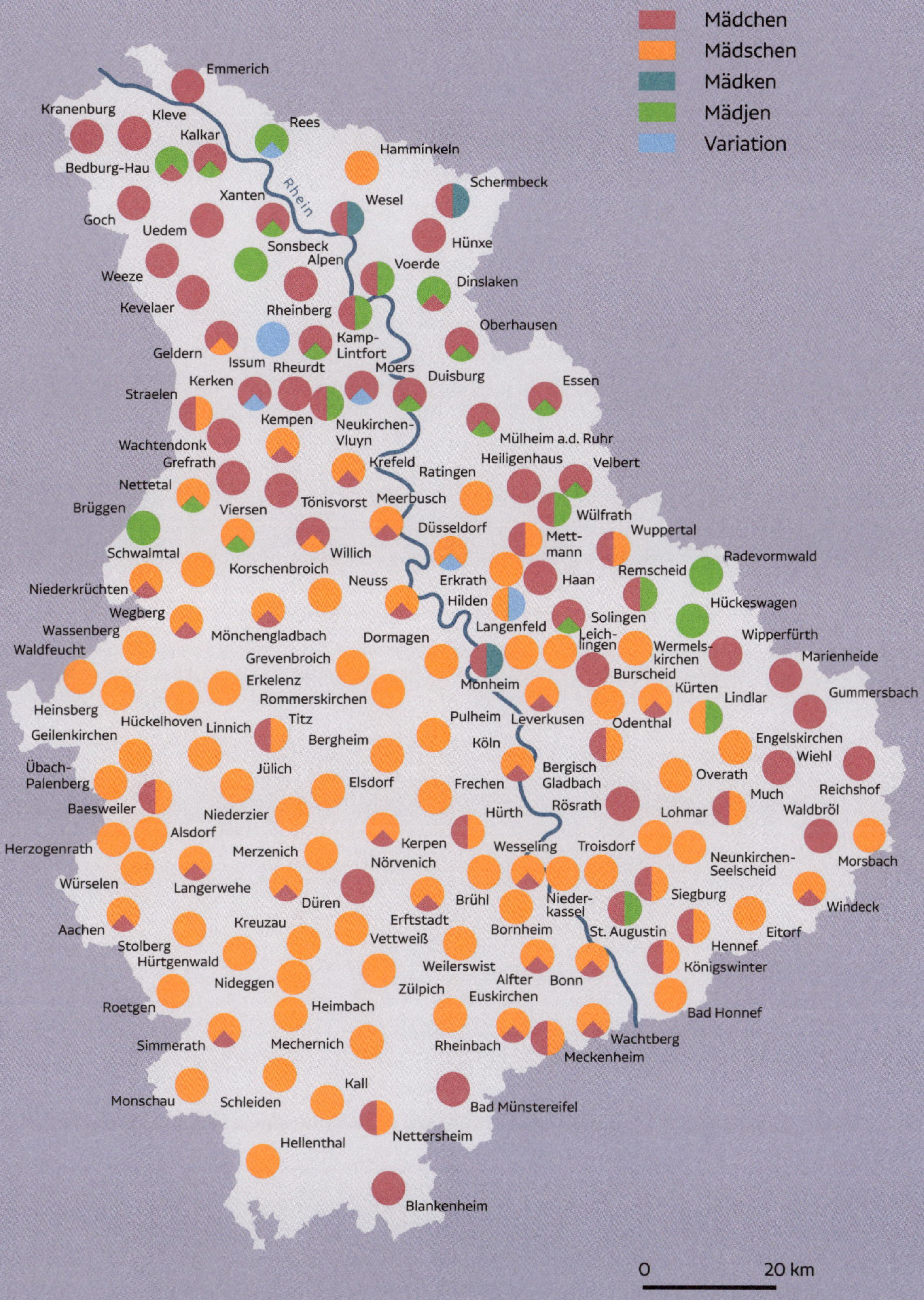

38

Männekes oder Männeken

Bälleke, Kapelleke, Tönneke, Männeke: Verkleinerungsformen in niederrheinischen Dialekten, analog zu *Bükske* oder *Jüngsken* (siehe Karten 5 und 18), nur dass ein zusätzliches *-e-* eingeschoben wird. Die Mehrzahlform hat ein *-s: Bällekes, Männekes* usw. Dagegen lauten Singular und Plural im Regiolekt des Niederrheins *dat Bälleken – die Bällekes, dat Männeken – die Männekes.* Die Mehrzahlform wird also aus dem Dialekt übernommen, während die Einzahl das im Regiolekt obligatorische End-*n* erhält. *Männekes* ist auf der Karte pink ■ markiert, es dominiert im Norden. Südlich der hier eingezeichneten Benrather Linie (siehe Karte 4) taucht *Männekes* dagegen nur selten auf.

Im Rahmen der rheinlandweiten ILR-Spracherhebung von 2005 waren den Gewährsleuten drei Mehrzahlformen angeboten worden: *Männekes, Männeken* und *Männekens.* Anders als *bissken* oder *Jüngsken/Jüngken* (siehe Karten 17 und 18) ist *Männeken* nämlich auch südlich der Benrather Linie in der regionalen Umgangssprache gebräuchlich. Eine bemerkenswerte Ausnahme! *Männeken* ist zum Beispiel die Bezeichnung für kleine Spielfiguren: Indianer, Cowboys, Ritter – das alles sind *Männeken.* Im Süden des Rheinlands herrscht genau diese Mehrzahlform ■ vor, so dass Einzahl und Mehrzahl identisch sind wie auch bei *Jüngchen* oder *Jüngelchen* (siehe Karte 18) oder bei all den anderen Diminutivbildungen *(Mädschen, Männschen, Mäusjen ...).*

Als dritte Variante taucht auf der Karte noch *Männekens* ■ auf, besonders oft im Süden. Die Erklärung lautet vielleicht folgendermaßen: Man weiß irgendwie um das Plural-*s* und fügt es an die Einzahlform an: *Männeken + -s.* Dagegen spielen im Norden Dialekt und Regiolekt bei den *Männekes* zusammen.

Statt *Männeke* sagt man in manchen niederrheinischen Ortsdialekten *Männke.* Im Regiolekt kann das *Männeken* ebenfalls als *Männken* auftreten; für die Karte wurden die beiden Lautvarianten zusammengefasst.

Wenn nicht alles täuscht, ist aber *Männeken* (und nicht *Männken*) die Lautform, die sich südlich der Benrather Linie breitgemacht hat. Manche im südlichen Rheinland, die das Wort vom Dialekt her nicht kennen können, werden an das berühmte *Manneken Pis* in Brüssel denken, wenn sie *Männeken* benutzen. Die Brüsseler Brunnenfigur ist ein Junge – und Jungs werden im Norden des Rheinlands auch gern mal als *Männeken* angesprochen, was durchaus liebevoll, aber bei anderer Gelegenheit auch drohend klingen kann: »*Männeken, komm du ma hier!*« Oder an eine Gruppe gerichtet: »*Männekes, wenn ich euch krich!*«

Drohungen dieses Wortlauts haben sich in der Vergangenheit oft an *Schellemännekes* gerichtet. Die Klingel an der Haustür ist ja eine *Schelle*, so dass der bei Kindern so beliebte Klingelstreich *Schellemännekes machen* genannt wird; etwas hochdeutscher sind dann *Schellemännchen*. Anderswo im Rheinland spricht man bei diesem Streich auch von *Klingelmäuschen*.

Literatur: *Cornelissen 2014*

ILR-Fragebogen 8 (2005), Frage 26
Altersgruppe 45–64 Jahre

Männekes oder Männeken

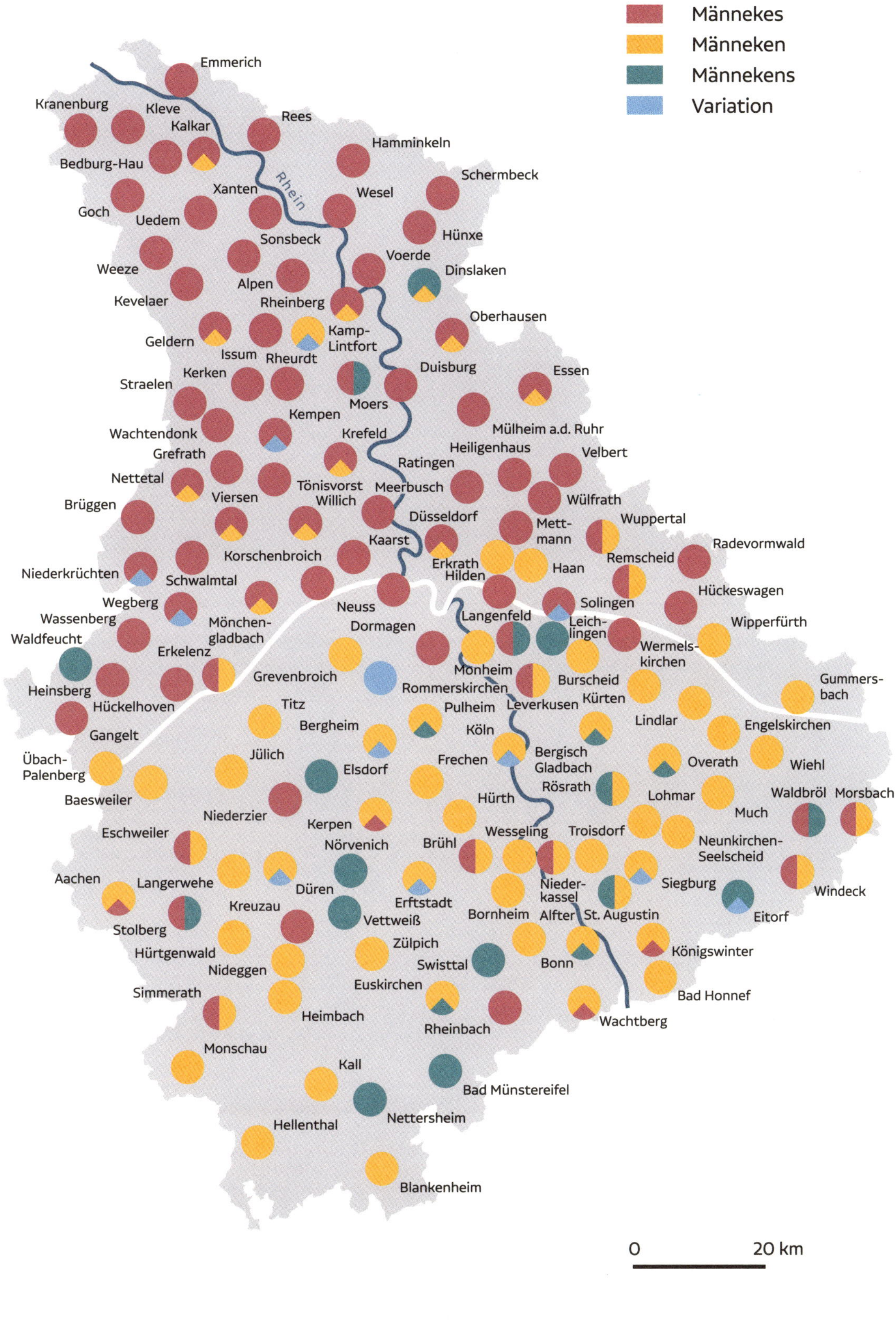

39

flottikowski

Besuffski wird mancherorts ein Mensch (Mann) genannt, der dem Alkohol allzu sehr zugetan ist. Das Witzige an diesem Wort ist die Kombination seiner Zutaten: *Besuff-* lässt an *Suff* und *besoffen* denken, während wir das *-ski* aus vielen Familiennamen kennen: *Schimanski* ist der vielleicht bekannteste darunter. Dass Namen wie *Schimanski* oder *Kowalski* irgendwie slawischen Ursprungs sind, erkennt wohl jeder. Bei *-owski* wird das noch offensichtlicher: *Barinowski, Lewandowski, Tilkowski, Romanowski:* Im Ruhrgebiet kommen sie besonders häufig vor; Hans *Tilkowski*, der frühere Fußballtorwart, stammte aus Dortmund.

In *flottikowski* wird dieses Namenelement dem kurzen Wörtchen *flott* mitgegeben, übrigens auch in *tschüssikowski;* das *i* davor erinnert an *Barinowski* oder *Malinowski*. *Flottikowski* klingt interessanter als *flott*, vielleicht auch intensiver. Wenn eine Aufforderung mit *Aber flottikowski!* unterstrichen wird, dann heißt das: *Aber plötzlich!*

Bei der Erhebung 2002 haben nur vergleichsweise wenige Menschen (zwischen 45 und 64 Jahren) die Frage nach der Bekanntheit von *flottikowski* bejaht. Von acht Gewährsleuten in Essen waren dies zwei, von neun Personen in Krefeld nur eine, in Köln zwei von zehn. Damit gehört *flottikowski*, anders als *Kitsche* oder *Kroos*, anders als *Hubbel* oder *Huckel*, zu den »seltenen Wörtern«. So könnte man Vokabeln nennen, die a) nur wenigen vertraut und/oder b) nicht oft zu hören sind.

Das Kartenbild ähnelt ein wenig der Karte für *Stulle* und *Knifte* (siehe Karte 20). Allerdings sind die vielen fehlenden Orte dort anders zu erklären; zu verdanken sind sie einer methodisch bedingten Verknappung. Denn es war auf dem Fragebogen von 2012 ja nicht gezielt nach *Stulle* oder nach *Knifte* gefragt worden, sondern offen nach den Bezeichnungen für die belegten und zusammengeklappten Brotschnitten. Bei dieser Fragemethode treten *Knifte* und auch *Stulle* zahlenmäßig hinter *Butterbrot* oder *Botteram* (siehe Karte 19) zurück. Trotzdem wurde *Stulle* in mehr Orten (39) genannt als *flottikowski* (27), was wahrscheinlich kein reiner Zufall ist. *Stulle* ist wohl »im Kommen«, während *flottikowski* ein Zusatzwort für wenige (ein »seltenes Wort«) ist.

Die Karte legt die Annahme nahe, dass *flottikowski* am Niederrhein und im Ruhrgebiet gebräuchlicher ist als im Süden des Rheinlands. Vielleicht ist diese slawisch (polnisch) daherkommende Spielform ja wirklich den Ruhris zu verdanken. Denen, die gern auch mal *Mein lieber Kokoschinski!* ausrufen, wenn sie überrascht sind oder die Bedeutung einer Aussage besonders betonen wollen. Im Rheinland kommt den Menschen dann gern *Mein lieber Herr Gesang(s)verein!* über die Lippen.

Literatur: *Menge 2013*

ILR-Fragebogen 7 (2002), Frage 15
Altersgruppe 45–64 Jahre

flottikowski
belegt
Emmerich
Bedburg-Hau
Hamminkeln
Hünxe
Sonsbeck
Kevelaer
Voerde
Geldern
Rheurdt
Duisburg
Essen
Kempen
Mülheim a.d. Ruhr
Nettetal
Krefeld
Schwalmtal
Remscheid
Korschenbroich
Solingen
Rhein
Titz
Bergheim
Köln
Lohmar
Brühl
Weilerswist
Monschau
Dahlem
0
20 km

40

tschüss / tschö / tschau

Wer nach den mundartlichen Vorstufen von *tschüss* sucht, wird im »Rheinischen Wörterbuch« fündig: Dort sind *atchüss, adjüss, ajüss, atschüss, etchüss, tchüss, schüss* und *jüss* für das Gebiet zu finden, das auch die Karte für 2012 zeigt. Dabei war *atchüss* die Leitform, neben der »seltener« auch *atchöss* vorkam. Für den Moerser Raum und für Essen wird *atüss* eigens aufgeführt (dort »neben« *atschüss* und *atjüss*). Nördlich der Benrather Linie seien ferner die Verkleinerungsformen *atchüsskes, adjüsskes, schüsskes* und *tüsskes* verbreitet. So grüßte man also im Dialekt vor mehr als hundert Jahren. Welche dieser zahlreichen Varianten heute noch im Umlauf sind, ist nicht bekannt, ganz sicher aber *tschüss* und *schüss* und ebenso *tschüsskes* und *schüsskes*.

Auf dem Fragebogen, den die ILR-Sprachabteilung 2012 in Umlauf brachte, sollte unter Punkt 25 eine (oder mehrere) von drei Grußformeln angekreuzt werden. Die Formulierung lautete: »Welchen der drei folgenden Abschiedsgrüße benutzen Sie wohl am häufigsten?« Anzuklicken beziehungsweise anzukreuzen waren *(t)schüss – (t)schö – (t)schau (ciao)*.

Auf der Karte dominieren *tschüss* und *tschö*. Dabei wurde *tschüss* ■ bevorzugt genannt am unteren Niederrhein, im Süden des linksrheinischen Gebiets (etwa ab der Höhe von Jülich und Köln) sowie im Bergischen Land (mit Ausnahme der Region Düsseldorf-Monheim-Wuppertal). Zu *tschö* ■ tendierten die Gewährspersonen in einem mittleren Bereich zwischen Krefeld im Norden und Geilenkirchen und Bergheim/Erft im Süden sowie, siehe oben, in dem sich an Düsseldorf anschließenden Teil des Bergischen Landes. *Tschau* ■ war für die Karte nur selten zu berücksichtigen.

Tschüss, eine seit Langem in den Dialekten des Rheinlands beheimatete Form, wird also überall verwendet. Dagegen tritt *tschau*, das sich an italienisch *ciao* anlehnt oder damit identisch ist, in dieser Altersgruppe sehr stark in den Hintergrund. *Tschö* war vor einem Jahrhundert in den Dialekten noch kaum in Gebrauch. Als 1917 der entsprechende Fragebogen des »Rheinischen Wörterbuchs« ausgefüllt wurde, wurden für *(a)dschö* lediglich einige wenige Belegen in verstreuter Lage geliefert. Dieses Grußwort hat inzwischen Karriere gemacht, so dass 2003 ein Aufsatz mit dem Titel »Das rheinische tschö« erscheinen konnte.

Unser *tschüss* geht also zurück auf *adschüss* und das, so wird angenommen, ist letztlich dem spanischen *adiós* zu verdanken. Das rheinländische *tschö* lautete einst *adschö* und leitet sich von französisch *adieu* her. Bei *tschau* denken wir an italienisch *ciao:* eine wahrhaft europäische Grußgeschichte!

Als »Jugendsprache« bezeichnet man sprachliche Repertoires, die sich rasch wandeln können, Moden unterworfen und bei älteren Semestern in der Regel nicht anzutreffen sind. Geht es um die Wahl zwischen *tschüss, tschö, tschau* und all den anderen Grußformeln, werden sich die jungen Leute nicht unbedingt wie ihre Eltern oder Großeltern entscheiden. Was dabei auch mitspielen kann, ist die Dialektferne junger Leute heute.

In der ersten Hälfte des Jahres 2012 wurden in Bonn im Rahmen eines Projekts zur Sprachvariation 71 aus der Stadt stammende Gesamtschüler*innen gefragt: »Wie verabschieden Sie sich von Ihren Freunden?« (mit Mehrfachantworten): Am häufigsten wurden *tschüss* und *tschau/ciao* genannt, nämlich von 42 beziehungsweise 37 Prozent der jungen Leute. Weit abgeschlagen kam *tschö* ins Ziel, das nur von 5 der Jugendlichen (7 %) ins Spiel gebracht wurde. Von den 71 Befragten hatten 12 einen Migrationshintergrund (siehe Karten 26–29).

Eine ähnliche Erhebung war drei Jahre zuvor in Essen durchgeführt worden; *tschau* verwendeten die jungen Leute in der Ruhrgebietsstadt ebenfalls. Ein völlig anderes Bild ergab sich an der Ruhr jedoch für *tschö,* das von jedem zweiten der befragten Jugendlichen genannt wurde! In der älteren Einwohnerschaft Essens ist *tschö* dagegen weit weniger beliebt als im rheinischen Rheinland, so dass sich die jungen Leute hier durch ihr *tschö* von der Generation der Kumpel und Malocher abheben können.

Weder die Eltern noch die Großeltern der Essener Jugendlichen sprechen (von Ausnahmen abgesehen) das alte Platt. Der Dialektrückgang in Bonn ist noch nicht ganz so weit fortgeschritten; aber Eltern, die selbst noch Bönnsch sprechen, wird kaum ein Gesamtschüler haben. An Ruhr und Rhein lebt also eine Jugend ohne Platt. Eine Ausnahmesituation bildet der Karneval, wenn fast alle die kölschen Lieder mitsingen. Doch eignen sich die mundartlichen Karnevalstexte aus Köln nur sehr bedingt dazu, das regionalsprachliche Register der Mitsingenden alltagstauglich zu erweitern.

Durch ihre »Jugendsprache« wollen und können sich junge Leute von der Sprache Erwachsener abgrenzen. Jugendliche unterscheiden sich heute auch wegen des stärkeren Abbaus regionalsprachlicher Merkmale von älteren Leuten: Dieser Prozess wird aber den Jugendlichen weniger bewusst sein, da sich Übergänge wie beispielsweise der von *Dachrinne* zu *Regenrinne* (siehe Karten 26–29) wohl oft der Aufmerksamkeit entziehen. Vielleicht bemerken die Alten, dass fast niemand mehr von der *Kalle* spricht, aber den Jungen wird das Nebeneinander von *Kalle, Dachrinne* und *Regenrinne* entgehen.

Der Regiolekt lässt sich im Rheinland als Alltagssprache beschreiben, die sich Dialektalismen und regionaler Merkmale bedient, gesprochen eher in vertrauter Umgebung als bei öffentlichen Anlässen. Unter regionalsprachlichen Vorzeichen nähert sich die Alltagssprache junger Leute dem Hochdeutschen weiter an.

Warum 2012 das *tschö* bei den Bonner Jugendlichen so schlecht abschnitt, bleibt eine unbeantwortete Frage. Als weitere Abschiedsgrüße nannten sie außerdem: *bis dann/bis bald, hade* (zu türkisch *haydi*) oder auch *hau rein*. Als Variante dazu war *hauste rein* in Gebrauch, was auch zu *hauste* verkürzt werden kann. Da schlägt der Regiolekt also doch wieder zu: Denn dieses jugendsprachliche *hauste* passt perfekt zu den im Raum Bonn angestammten Formen *willste, kannste* oder *haste* (siehe Karten 21–25).

Die große Beliebtheit von *tschüss*, wie sie sich für das Rheinland beobachten lässt, scheint sich in Westfalen fortsetzen. Die im WDR verwendeten Grußformeln weisen jedenfalls in diese Richtung:

Schönen Abend noch und bis morgen, tschüss! (Lokalzeit Köln)
Ihnen jetzt noch nen schönen Abend, tschüss! (Lokalzeit Aachen)
Schönen Abend noch, bis dahin, alles Gute, tschüss! (Lokalzeit Dortmund)
Ich wünsch Ihnen einen schönen Abend und bis morgen, tschüss!
(Lokalzeit Bielefeld)

Der Sender hat, verteilt über Nordrhein-Westfalen, 11 Regionalstudios, die auch die parallel ausgestrahlte Fernsehsendung »Lokalzeit« produzieren. Insgesamt 44 Sendungen, 4 aus jedem der Studios, wurden 2014 im Rahmen einer Studie sprachwissenschaftlich untersucht: Was zeichnet die Sprache der Reporter*innen, der Studiogäste oder der interviewten Menschen aus der Region aus? Ausgewertet wurden unter anderem die Grußformeln, mit denen sich die Moderator*innen von ihrem Publikum verabschieden.

Am häufigsten zu hören war *tschüss:* In nicht weniger als 31 der 44 Fälle markierte *tschüss*, in der Regel mit kurzem *ü* gesprochen, das Ende der Sendung. Meistens trat es in Kombination mit anderen Formeln auf, gern mit *Schönen Abend* (oder *nen schönen*

Abend und Varianten). *Auf Wiedersehen* sagte niemand, weder *Guet gaohn* (westfälisch) noch *Glück auf* (im Ruhrgebiet beheimatet) kamen vor.

Bis morgen 18 und 19 Uhr 30, tschö-ö! (Lokalzeit Duisburg)

Tschau trat ebenso wenig in Erscheinung: Dagegen lautete der Abschiedsgruß in einer der Sendungen aus Duisburg *tschö*, allerdings in der zweisilbig-musikalischen Variante: *tschö-ö*.

Literatur: *Cornelissen 2012*
Cornelissen 2015a (S. 164 Zitate)
Möller 2003
Rempel 2013
Rheinisches Wörterbuch 1928–1971, Band 1 (Sp. 56 Zitate, Schreibung geändert)

ILR-Fragebogen 10 (2012), Frage 25
Altersgruppe 45–64 Jahre

tschüss / tschö / tschau

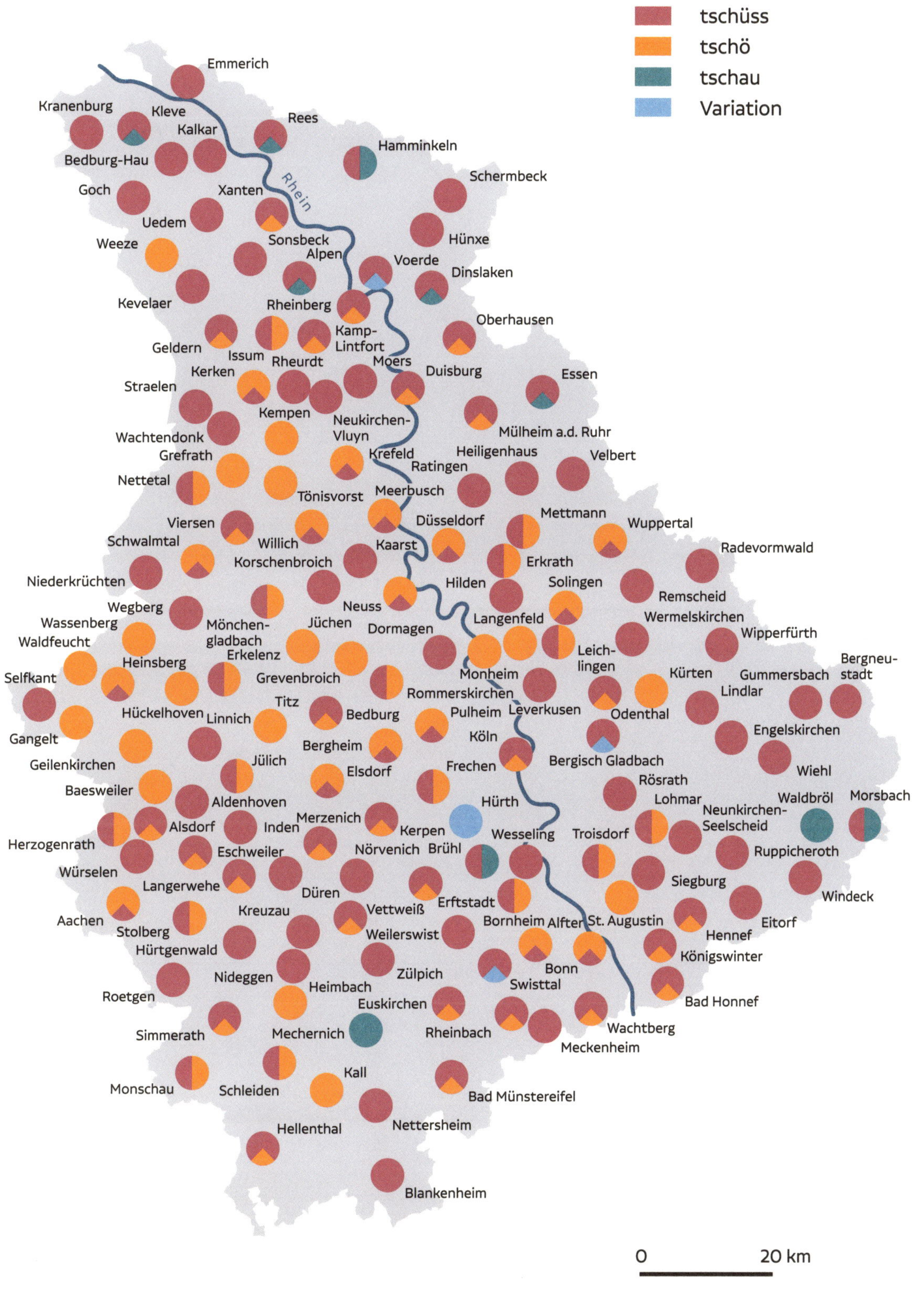

41

tschüssi oder tschaui

An *(t)schüss, (t)schö* und *(t)schau (ciao)* (siehe Karte 40) schloss sich in der Erhebung von 2012 unter Punkt 26 eine weitere Frage zum Grüßen an: »Welche der folgenden Gruß-Varianten verwenden Sie zumindest gelegentlich?« Angeboten wurden die sechs Grüße *tschüssi – tschüsskes – tschökes – tschötschö – tschaui – tschautschau*. Ferner gab es ein freies Feld für Ergänzungen oder Kommentare.

Die Varianten *tschüsskes* und *tschökes* wurden vor allem nördlich der Benrather Linie genannt, einige verstreute Belege fanden sich aber auch weiter südlich. »Beheimatet« sind diese Verkleinerungsformen in den niederrheinischen Dialekten (siehe Karten 5, 17 und 18), aber Grüße sind »mobil«. Zu *tschüsskes* und *tschökes* passen am Niederrhein auch *ebbkes* ›eben; ganz kurz‹ und *knäppkes* ›knapp; äußerst knapp‹.

Die Karte für *tschüssi* ■ und *tschaui* ■ zeigt ein völlig anderes Bild: Beide Grußformeln verteilen sich über den ganzen Raum des Rheinlands, werden allerdings nur von einem relativ kleinen Teil der Gewährspersonen gemeldet, so dass viele Kommunen auf der Karte nicht auftauchen. Die *i*-Verniedlichungen haben keine dialektale oder räumliche Basis, es sind Spielformen der Umgangssprache. Es wird auch nicht wenige Rheinländer*innen geben, denen vor der Wiedervereinigung *tschüssi* nicht zu Ohren gekommen ist; im Osten Deutschlands war *tschüssi* dagegen schon vorher in Gebrauch. Heute gehören *tschüssi* und *tschaui* wie *tschautschau* oder *tschö mit ö* zu den sprachlichen Spielformen im Rheinland. Viel wird von individuellen Vorlieben oder Abneigungen abhängen.

Auf dem genannten Fragebogen war unter Punkt 24 eine offene Frage platziert worden: »Wenn Sie sich von einem guten Freund oder von einer guten Freundin verabschieden: Welchen Gruß verwenden Sie dann (mehrere Antworten sind möglich)?« Vergleicht man die Antworten zu den Fragen 24, 25 und 26 miteinander, ergeben sich interessante Anhaltspunkte für variierendes und flexibles Grüßen. Die Auskünfte dreier Gewährspersonen (sie stammen aus Dinslaken, Meckenheim und Bonn) mögen das illustrieren:

24: *Bye*. 25: *(t)schö*. 26: *tschüssi, tschüsskes, tschaui, tschautschau*, Ergänzung: »*tschau mit v*« (Dinslaken, 16–24 Jahre).
24: *tschüss*. 25: *(t)schüss*. 26: *tschüssi*, Kommentar: »in der Familie manchmal *servus* (wegen Filmen/Serien, die gemeinsam angesehen wurden)« (Meckenheim, 45–64 Jahre).
24: *Tschüss!, Ciao!* 25: *(t)schüss*. 26: kein Kreuzchen, Kommentar: »Fragen Sie doch auch mal nach dem Begrüßungs-/Abschiedsgruß *Hallöchen* der Lattemacchiato-Schickeria (meist weiblich)« (Bonn, 65plus).

Tschüssi ist nun auch in Bayern zu hören, wie in einer in München erscheinenden Tageszeitung zu lesen war: »Nun gibt's hier [in München] ja nach wie vor Eingeborene, denen es beim *Tschüß* und seinen Variationen *(Tschüssing, Tschüssi, Tschüßle)* oder gar bei der rheinischen Abart *Tschöh* schier die Socken auszieht«. Und dann gäbe es für fassungslose Bayern ja noch *tschötschö* und *tschökes!* Warum eigentlich nicht, schließlich sagt man in Meckenheim ja auch *servus*.

Literatur: *Möller 2003 (S. 335 Zitat)*

ILR-Fragebogen 10 (2012), Frage 26
Altersgruppe 45–64 Jahre

tschüssi oder tschaui

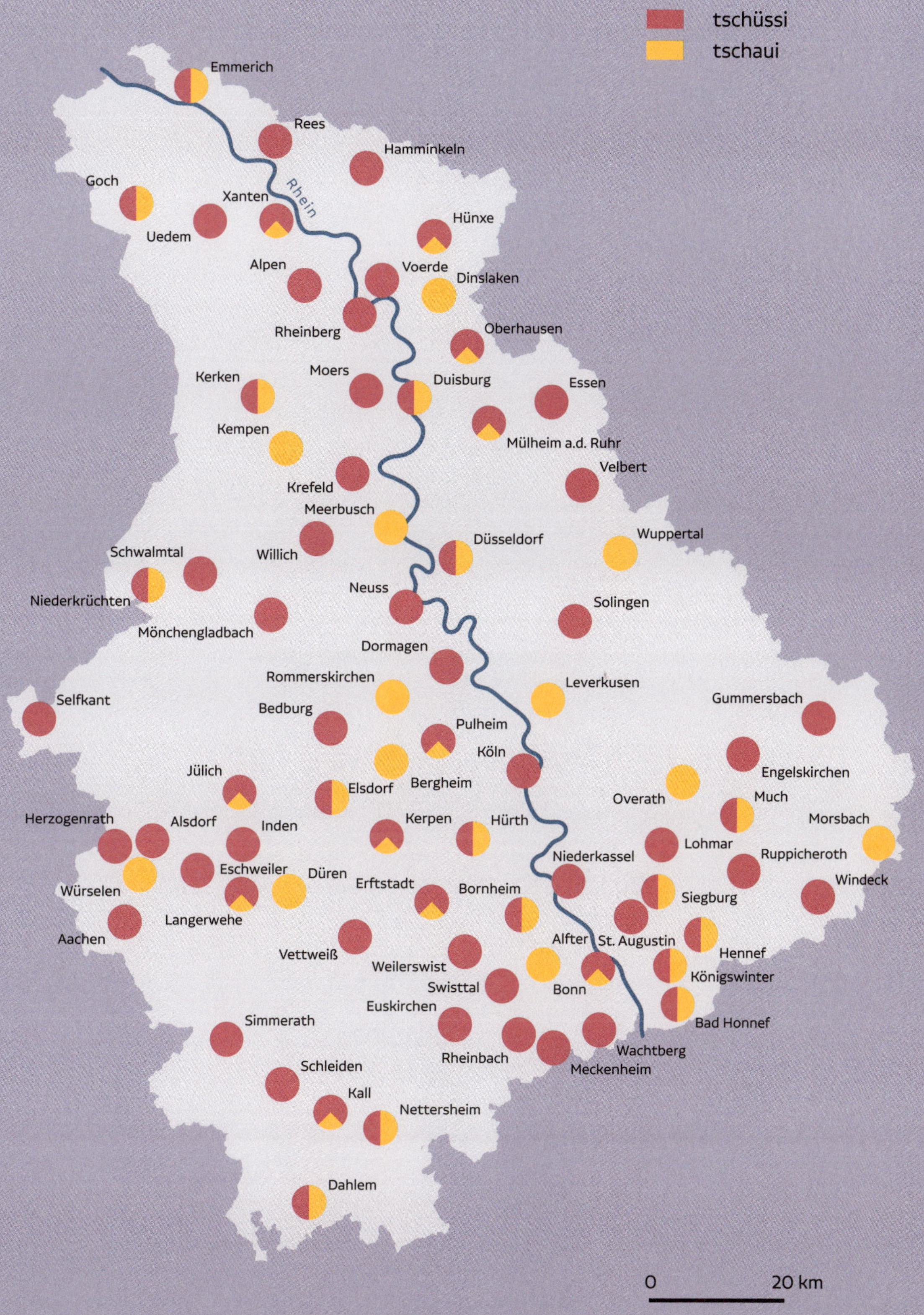

Hochdeutsch

42 43

fegen oder kehren

Wenn Sie draußen vor der Tür gründlich *gefegt* haben, was machen Sie dann mit dem *Fegsel?* Oder anders gefragt: Wenn Sie mit dem *Kehren* fertig sind, wohin dann mit dem *Kehricht?* Die beiden Karten zeigen, dass man im Rheinland sowohl *fegt* ■ als auch *kehrt* ■. Auf dem Regiolektfragebogen von 2005 war darum gebeten worden, den Satz *Du muss draußen noch ...* zu vervollständigen, wobei *fegen* und *kehren* als Ergänzung angeboten wurden. Die erste Karte enthält die Befragungsergebnisse für die Altersgruppe 45–64 Jahre. Wie die Jugendlichen geantwortet haben, ist Thema der zweiten Karte.

Fegen und *kehren:* Der Norden Deutschlands *fegt,* der Süden *kehrt*. Im Rheinland treffen, folgt man der Karte für die Älteren, die beiden Wortareale in spezifischer Weise aufeinander. Am unteren Niederrhein wird viel *gefegt* ■, in den übrigen Regionen mehr *gekehrt* ■. Die jeweils »andere« Variante kommt hüben wie drüben vor, der Übergang von *fegen* nach *kehren* und von *kehren* nach *fegen* vollzieht sich als Reduktion der Varianz.

Was ist Hochdeutsch? Viele werden damit die Schule verbinden, in der Hochdeutsch als Schrift- und Sprechsprache gelehrt wird. Deutschnoten sind Hochdeutschnoten. Als Inkarnationen des Hochdeutschen werden die Sprecher und Sprecherinnen der Tagesschau betrachtet. Dagegen kann das individuelle Hochdeutsch der Menschen im Rheinland schon ganz anders klingen. Die Menschen hier haben nicht selten einen deutlichen »Akzent«, so dass schon am Klang gut herauszuhören ist, ob sie aus dem Ruhrgebiet, vom Niederrhein oder aus Köln stammen. Aber »regional« ist nicht nur die Aussprache; wie sich am Beispiel des Wortpaars *fegen* und *kehren* zeigt, trägt auch der allgemeine Wortschatz regionale Züge – deren Wurzeln bis in die Dialekte reichen können. »Regional« ist im Falle von *fegen* und *kehren* die räumliche Verteilung. Geht es um die Reinigung des Gehwegs draußen, greifen die Niederrheiner zum Wort *fegen,* während die Rheinländerinnen anderswo *kehren* wählen. Das Kartenbild beruht nicht auf einem Zufallsergebnis.

Regiolekt und Hochdeutsch teilen sich zahlreiche Wörter und Formen. Zwar wird man *haste* oder *hasse* (siehe Karten 22–25) dem Regiolekt zuordnen, ebenso Bezeichnungen wie *Schluffen* oder *Schluppen* (siehe Karte 35). Aber was ist mit Wörtern wie *Pantoffel* oder *Oberbett* oder *Sellerie?* Die wird man doch sowohl im legeren Regiolekt als auch bei offiziellen Anlässen im Hochdeutschen zu hören bekommen. Deshalb dokumentieren manche Regiolektkarten des Rheinlands eine Wortwahl und eine räumliche Verteilung, die im Hochdeutschen kaum anders sein kann.

Die zweite Karte beruht auf den Auskünften der jüngsten Altersgruppe (16–24 Jahre), die sich allerdings in deutlich weniger Kommunen an der Erhebung beteiligt hat. Sofort zu erkennen ist, dass die Jugendlichen am unteren Niederrhein wie ihre älteren Mitbürger*innen *fegen* ■ bevorzugen. Der Anteil der *kehren*-Belege ■ nimmt auf der Karte insgesamt ab; bei den älteren Leuten liegt er bei etwa 67 Prozent, während er in der Gruppe der 16- bis 24-Jährigen noch circa 54 Prozent beträgt. Dieser Berechnung liegen die Anteile der Kuchendiagramme zugrunde (mit ihrer Skalierung in Viertelschritten; siehe Abschnitt »Karten zeichnen«). Wenn dieses Ergebnis einem Trend und nicht dem blanken Zufall zu verdanken ist, dann hieße das, dass *fegen* zunimmt – immer bezogen auf »draußen« (außerhalb des Hauses), wie es in der Frage hieß. Und zwar, wie hier vermutet wird, im Regiolekt wie im Hochdeutschen.

In seiner »Wortgeographie der hochdeutschen Umgangssprache« aus dem Jahr 1918 behandelt Paul Kretschmer auch die Konkurrenz von *fegen* und *kehren* im deutschen Sprachraum. Er geht von der Bedeutung ›mit dem Besen reinigen‹ aus und umschreibt ein Gebiet im Norden Deutschlands, in dem dafür ausschließlich *fegen* gebraucht werde. Dieses Gebiet, zu dem Münster und Paderborn noch gehören, berührt das Rheinland nicht. Schon in Schwerte, Dortmund und Siegen heiße es *kehren,* ferner in der gesamten damaligen Rheinprovinz, zu der ja auch das Gebiet zwischen Emmerich und Eifel gehörte. Alles deutet also darauf hin, dass sich das *fegen*-Gebiet nach Süden ausbreitet.

Nicht übersehen werden darf, dass auf den beiden Karten ausschließlich die Besenreinigung »draußen« (draußen *fegen* oder draußen *kehren*) erfasst wird. Denkbar ist, dass mancherorts Küche und Hausflur *gefegt* und Gehwege *gekehrt* werden (und auch umgekehrt?). Kretschmer notierte 1918 für das beginnende 20. Jahrhundert: »In Mainz sagt man bei Anwendung eines Handbesens *fegen,* während dort mit großem Besen *gekehrt* wird. In Württemberg bedeutet *fegen* die gründliche Reinigung mit Bürste, Wasser und Sand, *kehren* das Abstauben mit dem Besen.« Der zu reinigende Ort und das in die Hand genommene Hilfsmittel können also eine Rolle für die Wortwahl (*fegen* oder *kehren?*) spielen. Die Formulierung auf dem Fragebogen von 2005 (*Du muss draußen noch …)* hat vermutlich alle Gewährsleute an den langstieligen Besen denken lassen; der kleine Handfeger wird ihnen nicht in den Sinn gekommen sein.

Bleiben noch *Fegsel* und *Kehricht*. *Fegsel (das Fegsel)* mag ja hochdeutsch sein, im Rheinland aber wird wohl kaum jemand das Wort verwenden; es muss anderswo im deutschen Sprachraum beheimatet sein. Den *Kehricht* kennt man hier schon eher, wenn vielleicht auch nur in Wendungen wie *Dat (Das) geht dich en feuchten Kehricht an*. *Kehricht* ist ursprünglich die Bezeichnung für das Zusammengefegte oder das Aufgekehrte. In der Schweiz meint *Kehricht* dagegen ›Müll‹; wenn dort die Müllabfuhr kommt, werden die *Kehrichteimer* geleert.

Literatur: *Atlas zur deutschen Alltagssprache, Runde 2 (Karte)*
Duden Rechtschreibung 2017
Eichhoff 1977–2000, Band 1 (Karte 16)
König/Elspaß/Möller 2019 (Karte)
Kretschmer 1918 (S. 195 Zitat)

ILR-Fragebogen 8 (2005), Frage 8
Altersgruppe 45–64 Jahre (S. 172)
Altersgruppe 16–24 Jahre (S. 173)

fegen oder kehren (45–64 Jahre)

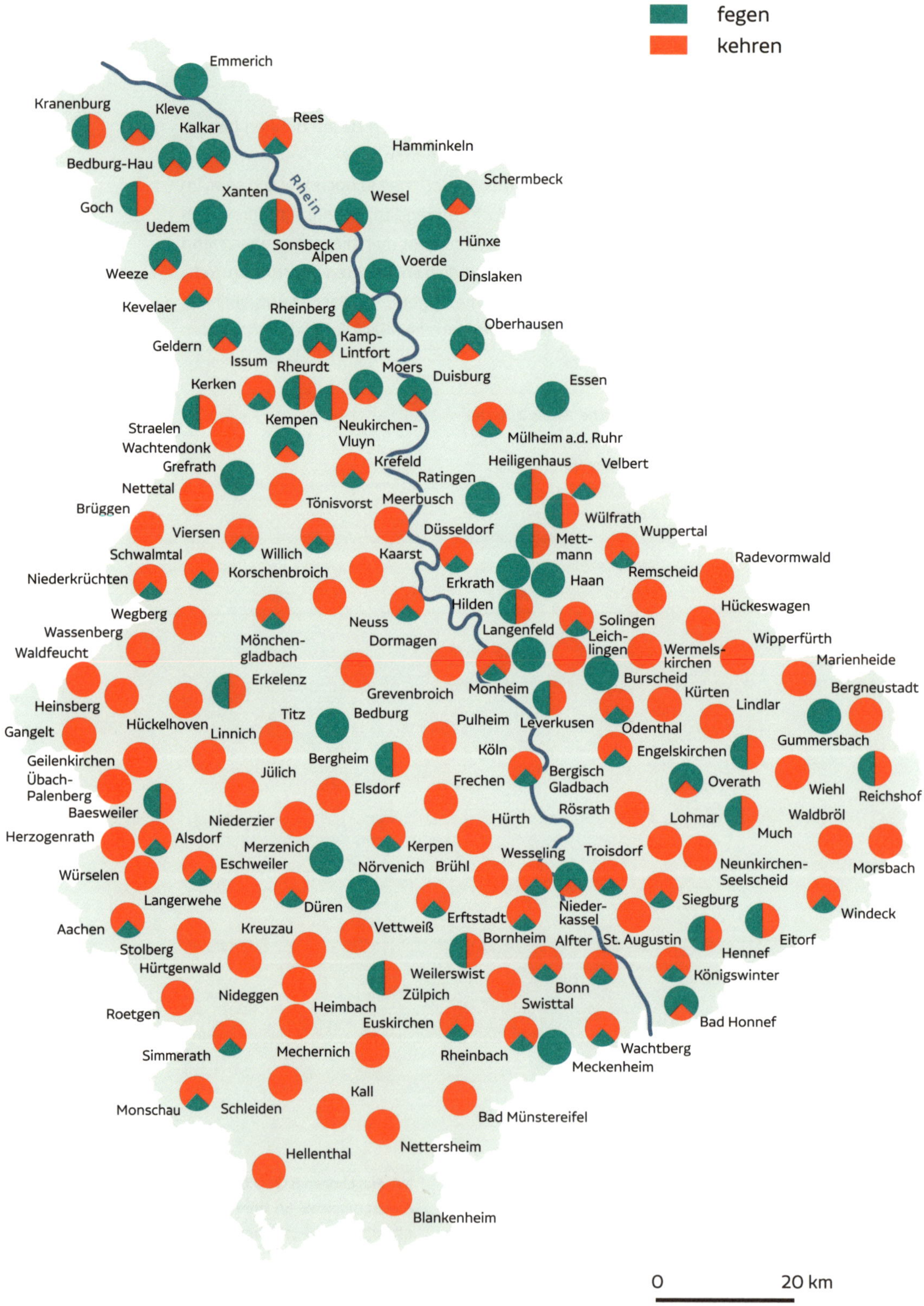

fegen oder kehren (16–24 Jahre)

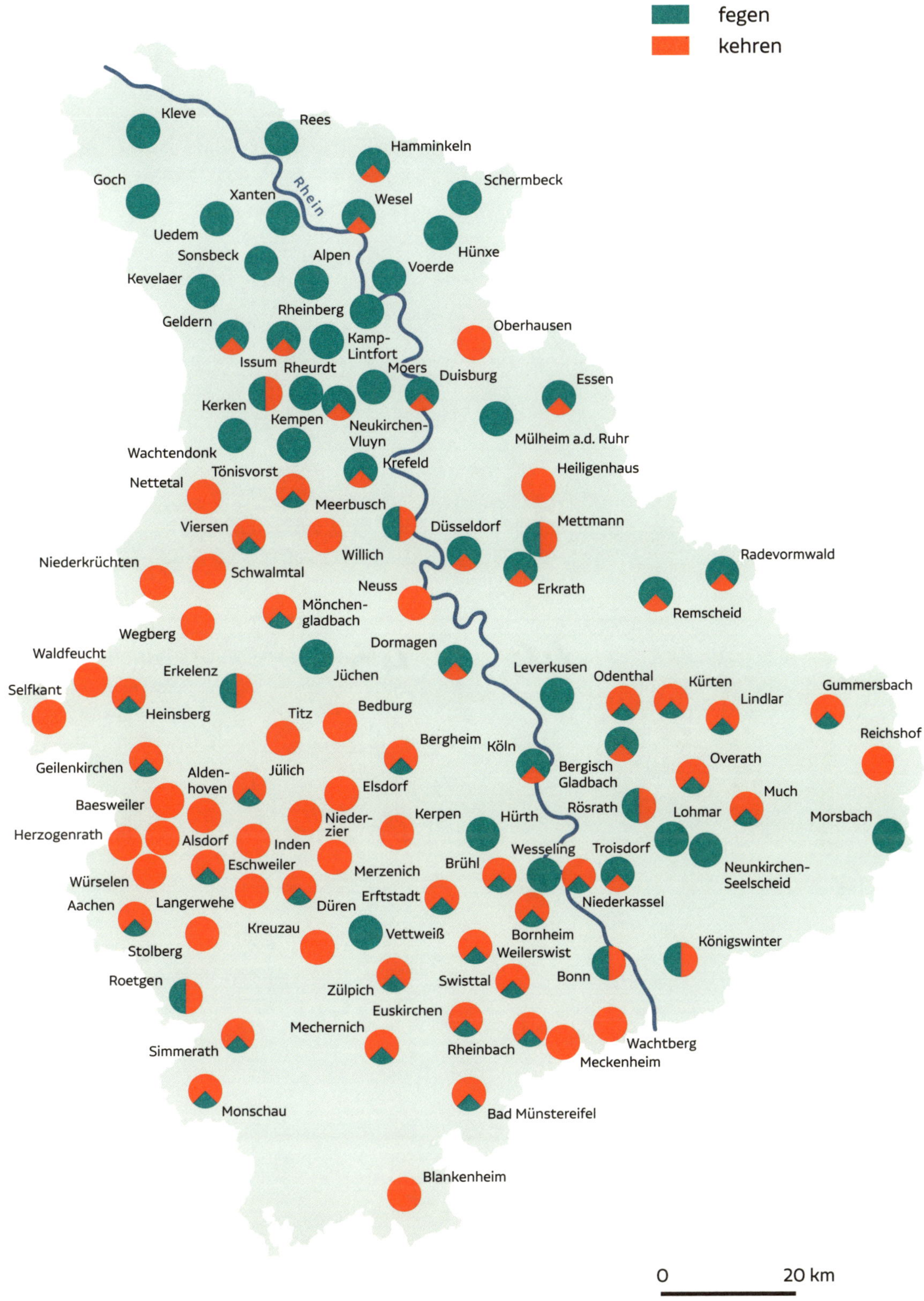

44 45

der oder die Sellerie
(im Dialekt: der oder die Zellerey)

Die alten Lautvarianten im Dialekt sind *Zelderey* oder *Zelderie* im Norden und *Zellerey* oder *Zellerie* im Süden. Falls es stimmt, was im großen »Rheinischen Wörterbuch« steht, haben die Menschen im Rheinland, wenn sie vor hundert Jahren Dialekt sprachen, das Wort als Femininum gebraucht: *die Zelderey/Zelderie.* Für das Gebiet zwischen Kleve und Eifel (und weiter hinunter bis jenseits der Mosel) ist im Band 8 des Wörterbuchs nur dieses Wortgeschlecht verzeichnet.

Völlig anders sieht die Dialektkarte aus, die auf einer ILR-Erhebung aus dem Jahr 2011 beruht: das männliche Wortgeschlecht ● herrscht vor: *denn Zelderey* (unterer Niederrhein), *der Sellerie* ... Fast überall zeigt sich aber auch Rot ●. Als dritte Variante taucht, wenn auch deutlich seltener, *dat* ● auf. Neben »modern« klingendem *Sellerie* sind heute noch ältere Lautvarianten zu hören, beispielsweise *Zelderie* (so in Aphoven bei Heinsberg), *Zälleree* (Neuwerk bei Mönchengladbach) oder *Zellereij* (Lammersdorf, StädteRegion Aachen) (nach den Verschriftungen auf den Fragebogen).

Auf der Karte »versteckt« sich sehr viel Variation hinter den einzelnen Symbolen. Das sei am Beispiel der Orte Goch, Köln und Schleiden einmal demonstriert, für die jeweils alle drei Wortgeschlechter genannt worden waren (die erste Spalte enthält die Zahl der Gewährspersonen; mit einer Mehrfachnennung in Köln, in Goch war eine Angabe nicht zuzuordnen):

		der	*die*	*dat*
Goch	10	6	2	1
Köln	9	4	5	1
Schleiden	5	2	2	1

Köln hat auf der Karte ein rotes ● Punktsymbol erhalten, *die* belegte hier den ersten Rang. Dagegen wurde für Goch das männliche Wortgeschlecht am häufigsten genannt ●, während für Schleiden Grün ● zu wählen war, weil zwei Varianten gleich oft vorkamen. In vielen Orten des Rheinlands wird man mit Varianten zu rechnen haben. Da aber manche Orte mit nur einem Fragebogen vertreten waren, hat der Zufall bei dieser Karte zum Wortgeschlecht viele Optionen.

Die roten Symbole auf der Dialektkarte müssen die Überreste des im »Rheinischen Wörterbuch« dokumentierten Sprachstands sein. Und Türkis *(der Sellerie)*? Diese Symbole treten gehäuft im Bergischen Land südlich von Cronenberg (Wuppertal) und am nördlichen Niederrhein in Erscheinung. Es fällt auf, dass in der Südwestecke, im Raum Hellenthal-Blankenheim, vergleichsweise oft gelbe Symbole auftauchen. Hier liegt beispielsweise Nettersheim, ein Ort, wo auf immerhin drei der insgesamt fünf Fragebogen *dat* gemeldet wurde.

Die Regiolektkarte zeigt ein ähnliches Bild wie die Karte für die Mundarten: Türkis ■ und Rot ■ in »bunter« Mischung: *der Sellerie, die Sellerie*. Wie im Dialekt häufen sich die Varianten mit männlichem Wortgeschlecht am nördlichen Niederrhein und im Bergischen Land. Gelb ■ (*dat* oder *das*) begegnet im Regiolekt insgesamt seltener, es erscheint nur zweimal auf der Karte (Jülich, Hürth). In drei weiteren Kommunen wurde *dat/das* immerhin auf je einem Fragebogen genannt – allerdings hätten es vielleicht mehr Meldungen werden können: Auf dem Regiolektfragebogen waren als anzukreuzende Alternativen lediglich *die Sellerie* und *der Sellerie* angeboten worden, so dass die Gewährspersonen *dat/das* unter »andere« hinzufügen mussten – und ein Kreuzchen ist viel schneller gemacht als eine Ergänzung. Dagegen war die entsprechende Frage auf dem Dialektfragebogen offen, also ohne Antwortvorgaben, gestellt worden.

In Regiolekt und Dialekt zeigt sich eine ähnliche Alternanz. *Die Sellerie* im Regiolekt lässt sich als Spiegelbild der (alten) dialektalen Verhältnisse interpretieren. Umgekehrt wird das männliche Wortgeschlecht in den Mundarten *(denn Zelderey, der Sellerie …)* als Anschluss an die regionalsprachliche Form zu werten sein, die wohl auch im Hochdeutschen rheinländischer Prägung zu erwarten ist. Man kann auch beim Individuum ansetzen: Viele Menschen im Rheinland werden für *Sellerie* stets dasselbe Wortgeschlecht verwenden: im Regiolekt (und im Standarddeutschen) wie im Dialekt – unter der Voraussetzung, dass sie noch über eine Dialektkompetenz verfügen.

Im Alltag wird allerdings *Sellerie* vermutlich oft ohne begleitenden Artikel benutzt: *Wir brauchen noch Sellerie! – Dann bring ich ma ne Knolle mit!* Ob das zur ausgebliebenen Vereinheitlichung beim Wortgeschlecht beiträgt?

Die beiden Kartenbilder (Dialekt, Regiolekt) sind Momentaufnahmen derselben durch Variabilität geprägten Sprachsituation. Ich nehme an, dass die meisten Rheinländer*innen das Wortgeschlecht von *Sellerie* unkritisch verwenden: Sie werden, ob sie nun zu *der Sellerie* oder *die Sellerie* tendieren, nicht in einem Wörterbuch nachschlagen, was denn »richtig« ist. Für sie wird *die Sellerie,* falls dies ihre individuelle Variante ist, auch als standardsprachlich (hochdeutsch) gelten. Die Synopse der beiden Karten rückt eine interessante Variantenkonstellation in den Blick: das alternierende Nebeneinander zweier Varianten (*dat/das Sellerie* bleibe einmal außen vor) in den verschiedenen Sprachlagen eines Ortes beziehungsweise einer Region, also im Dialekt, im Regiolekt und wohl auch in der Standardsprache.

Besonders sprachbewussten Menschen fallen die Genusunterschiede zwischen Dialekt und Hochdeutsch natürlich auf. Gut bekannt sind im Rheinland Fälle wie *der Auto, die Baach* (Bach), *der Brell* (Brille), *die Kasell* (Karussell) oder *dat Speck.* Bei *Sellerie* aber werden viele keinen Stolperstein erkennen – viele, aber manche dann doch: Wer etwa in Adam Wredes Kölner Wörterbuch »*Zellerei*« nachschlägt, erfährt, dass dessen Wortgeschlecht im Kölschen weiblich ist; die sich anschließende Bedeutungsangabe lautet dagegen: »der Sellerie«.

Literatur: *Cornelissen 2017*
Rheinisches Wörterbuch 1928–1971, Band 8
Wrede 2010 (S. 1104 Zitat)

S. 178
ILR-Fragebogen 9 (2011), Frage 25

S. 179
ILR-Fragebogen 8 (2005), Frage 37
Altersgruppe 45-64 Jahre

der oder die Zellerey (Dialekt)

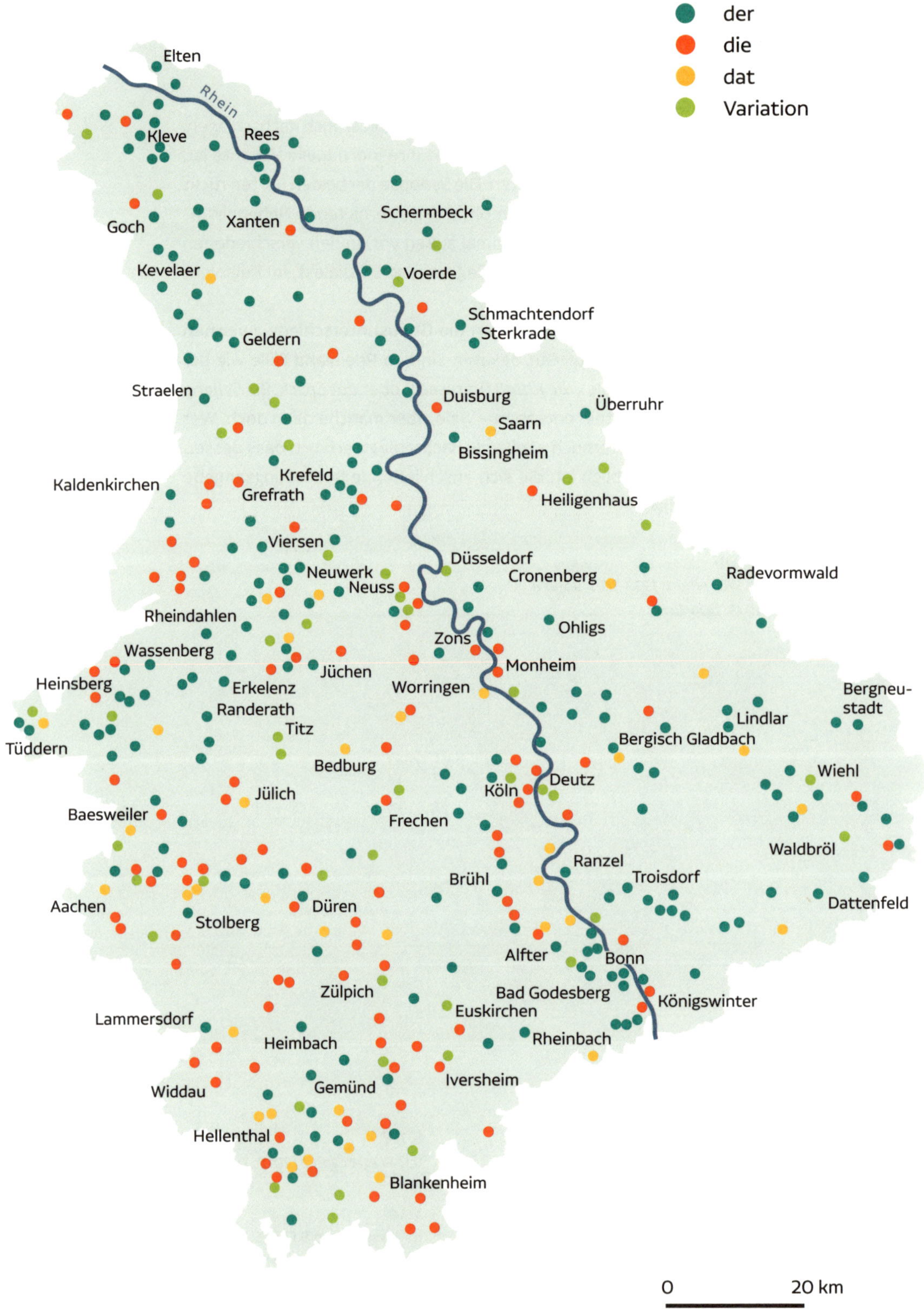

der oder die Sellerie (Regiolekt)

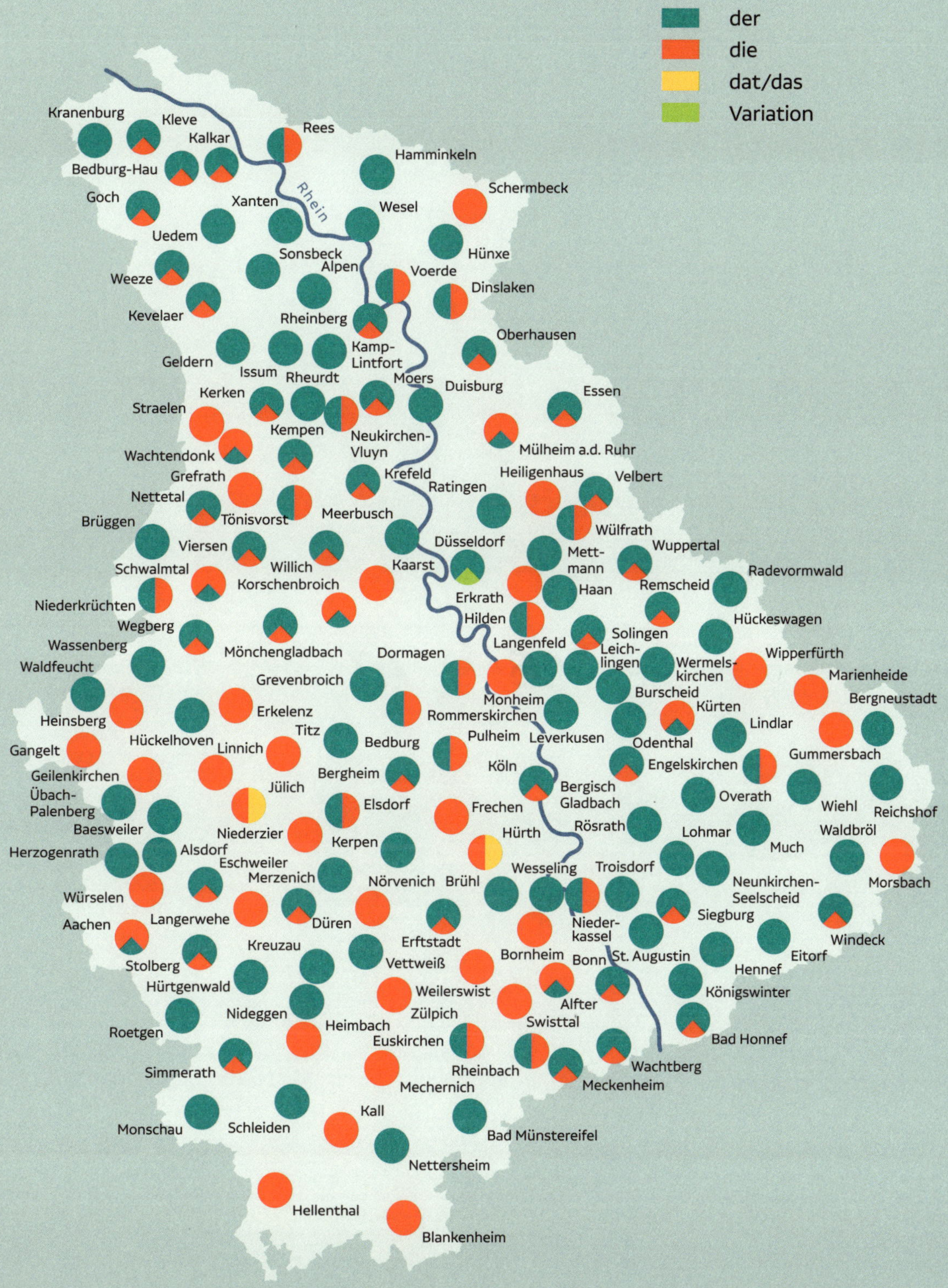

46 47

Samstag oder Sonnabend
(im Dialekt: Samsdag oder Soterdag)

Im Niederländischen wird der Samstag *zaterdag* genannt, im Englischen *saturday*. Auf der Dialektkarte taucht diese Bezeichnung als *Soterdag* ● auf, aus dem *a* ist im Rheinland ein *o* geworden. Die Karte wird vom Türkis ● des *Samsdags* dominiert, Gelb ● steht für *Sunnovend*. Daneben wurde sehr selten auch *Schabbes* gemeldet (nicht auf der Karte).

Soterdag und *Samsdag* verteilen sich nach klarem Muster: *Soterdag* im Norden (am unteren Niederrhein), ganz im Westen (im Selfkant) und im Osten in Teilen des Bergischen Landes (mit Remscheid). Diese drei Areale gehörten früher einmal zu einem viel größeren, zusammenhängenden *Soterdag*-Gebiet, in dem auch Köln lag. *Soterdag* geht wie *zaterdag* und *saturday* auf den Götternamen *Saturn* zurück, der *Soterdag* war also einmal der ›Saturntag‹, gebildet nach dem Vorbild des lateinischen *Saturni dies*. Aber die Bezeichnung *Samsdag* hat sich im Laufe der Jahrhunderte immer weiter vom Süden her »vorgeschoben«.

Die *Sunnovend*-Belege ganz im Osten des Bergischen Landes bilden die Ausläufer eines großen norddeutschen Wortareals, das also von Westfalen noch knapp ins Rheinland hineinreicht. Die ansonsten an verschiedenen Stellen auf der Karte auftauchenden gelben Symbole für ›Sonnabend‹ (dort zumeist in der Lautung *Sonnovend*) geben Rätsel auf.

Die zweite Karte dokumentiert dasselbe Thema (Bezeichnung des letzten Werktags der Woche) für die Ebene des Regiolekts. Nach den Auskünften der Gewährsleute wird überall im Rheinland *Samstag* ■ gesagt. Daneben gibt es, verteilt über die Karte, einige Hinweise auf *Sonnabend* ■. Vom mundartlichen *Soterdag* der Dialektkarte ist nichts übriggeblieben.

Beide Karten sind Wortkarten. Sie zeigen, wo welches der miteinander konkurrierenden Wörter verwendet wird. Wie die Bezeichnungen »klingen«, welche Lautvarianten jeweils wo auftreten, lässt sich den Karten nicht entnehmen. Dabei gibt es besonders in den Dialekten sehr, sehr viele phonetische Realisierungen. Neben *Soterdag* ist auch

Sotendag zu hören, manchmal auch *Soterschdag* oder *Soterdig* und *Sortrig* oder mit Koronalisierung: *Soterdisch* und *Sortrisch* ●. Anstelle des stimmhaften *s* am Wortanfang kommt mancherorts ein *ts* vor (man könnte *Z-* schreiben), das *o* kann kurz oder lang sein und auch *oa* gesprochen werden. Neben *Samsdag* (mit Kurzvokal in der zweiten Silbe) ist besonders mit *Samsdaag* zu rechnen, ferner mit *Samsdeg, Samstig, Samstisch* und zahlreichen weiteren Lautvarianten.

Zu den Formen auf *-dag (Soterdag, Samsdag ...)* treten also viele Varianten mit einem »hellen« Vokal auf wie *Sortrig* oder *Soterdisch* und *Samsdeg* oder *Samstisch*. Ihr Verbreitungsgebiet liegt im Westen des Rheinlands. Bei der Schreibung von *Samsdag/Samstisch* zeigen sich zwei Tendenzen. Die Gewährspersonen notierten bei den *a*-Varianten vorzugsweise ein vorangehendes *d*: also *Samsdag, Samsdaag,* deutlich seltener *Samstag, Samstaag;* dagegen zeigt sich bei ihnen im Falle eines *e* oder *i* in der zweiten Silbe die Tendenz, den vorangehenden Laut durch *t* darzustellen: *Samstisch, Samsteg ...*

Auf der Regiolektkarte tritt mundartliches *Samsdag* als *Samstag* in Erscheinung, mundartliches *Sunnovend* als *Sonnabend*. Die regiolektalen Formen sehen hochdeutsch aus. Womit man in den Regiolekten des Rheinlands allerdings rechnen darf: dass die Menschen *Samstach* sagen und dabei in der zweiten Silbe oft einen Kurzvokal hören lassen. Auf dem Dialektfragebogen haben die Gewährsleute reihenweise *Samsdach* oder *Samstech* geschrieben, während auf dem Fragebogen zum Regiolekt lediglich *Samstag* anzukreuzen war. Wiederum rätselhaft sind die *Sonnabend*-Belege auf der Regiolektkarte, die gerade dort nicht auftreten, wo im Dialekt *Sunnovend* beheimatet ist (ganz im Osten). Wenn *Soterdag (Soterdeg, Sorschteg ...)* den Sprung in den Regiolekt geschafft hätte, hätten wir mit *Satertag* rechnen müssen. Aber diese Bezeichnung hat sich zwischen den großräumig in Deutschland verbreiteten *Samstag* und *Sonnabend* nicht behaupten können. Und *Sonnabend* verschwindet als regional verankertes Wort ebenfalls aus dem Rheinland (wird aber von einigen Gewährspersonen verstreut gemeldet!).

Und im Hochdeutschen? Ein Blick in die Vergangenheit ermöglicht wieder Paul Kretschmer in seiner »Wortgeographie der hochdeutschen Umgangssprache«; darin hat er für die Zeit vor 100 oder 125 Jahren folgende Verteilung beobachten können: »Dieser Wochentag hat zwei hd. [= hochdeutsche] Benennungen, *Sonnabend* und *Samstag*. Das Gebiet von *Sonnabend* ist der mittlere und östliche Teil von Nord- und Mitteldeutschl. *Samstag* ist über West- und Süddeutschl., Schweiz und Österreich verbreitet. In der Grenzzone sind beide Wörter gebräuchlich.« Wenn konkurrierende

Wörter aufeinandertreffen, haben die Menschen die Gelegenheit, eine Wahl zu treffen, wofür Kretschmer in seiner 1918 erschienenen »Wortgeographie« folgende Beispiele bringt: »In Lingen sagen die Protestanten *Sonnabend*, die Katholiken *Samstag*, was mir auch von Gießen berichtet wird.«

Eine rheinländische Karte für die hochdeutsche/n Bezeichnung/en des letzten Werktags kann sich kaum von der Regiolektkarte unterscheiden. Überall sagt (und schreibt) man *Samstag; Sonnabend* ist im Bergischen Land auf dem Rückzug. Was zusätzlich ins Spiel kommen kann, ist die standardsprachliche Aussprache: *Samstaak*. Die Menschen im Rheinland haben zwei sich klar unterscheidende phonetische Optionen: *Samstach* (mit kurzem *a*) und *Samstaak*. Wer seinem Gegenüber die eigene Sprachwahl zum Ausdruck bringen will, hat mit Lautvarianten wie *ewik, Teik, Taak* oder *Samstaak* hervorragende Möglichkeiten im linguistischen Werkzeugkoffer.

Samstag ist in Nordrhein-Westfalen ein »Gewinnerwort«, es verdrängt hier zwei andere Synonyme. *Soterdag* (und Varianten) ist im Dialekt schon seit Jahrhunderten »auf dem Rückzug«, in der regionalen Umgangssprache hat das Wort keinen Platz mehr. Das Fehlen des *Sonnabends* in der heutigen Alltagssprache des Bergischen Landes muss in größeren Zusammenhängen gesehen werden: In Deutschland breitet sich *Samstag* immer weiter auf Kosten von *Sonnabend* aus, Westfalen ist zum *Samstag* übergetreten. Da kann sich der *Sonnabend* im Bergischen Land nicht halten.

Literatur: *Atlas zur deutschen Alltagssprache, Pilotprojekt (Karte)*
Cornelissen 2015a (Karte)
Eichhoff 1977–2000, Band 1 (Karte 41)
König/Elspaß/Möller 2019 (Karte)
Kretschmer 1918 (S. 460 Zitate)
Lausberg/Möller 2000 (Karte 40)
Puckert Samstag
Rheinisches Wörterbuch 1928–1971, Band 7 (Karte)

S. 184
ILR-Fragebogen 11 (2017/18), Frage 10

S. 185
ILR-Fragebogen 10 (2012), Frage 7
Altersgruppe 45–64 Jahre

Samsdag oder Soterdag (Dialekt)

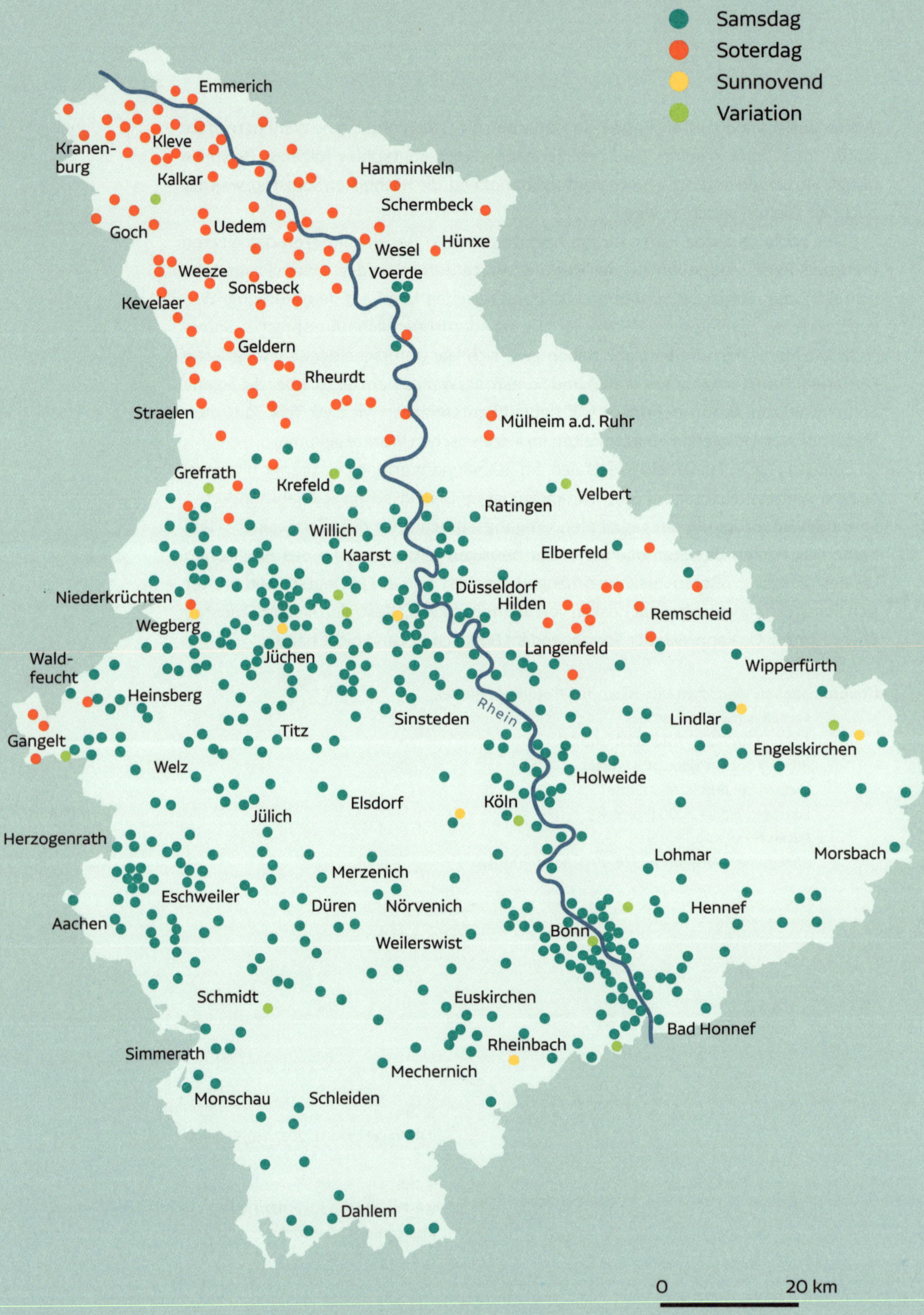

Samstag oder Sonnabend (Regiolekt)

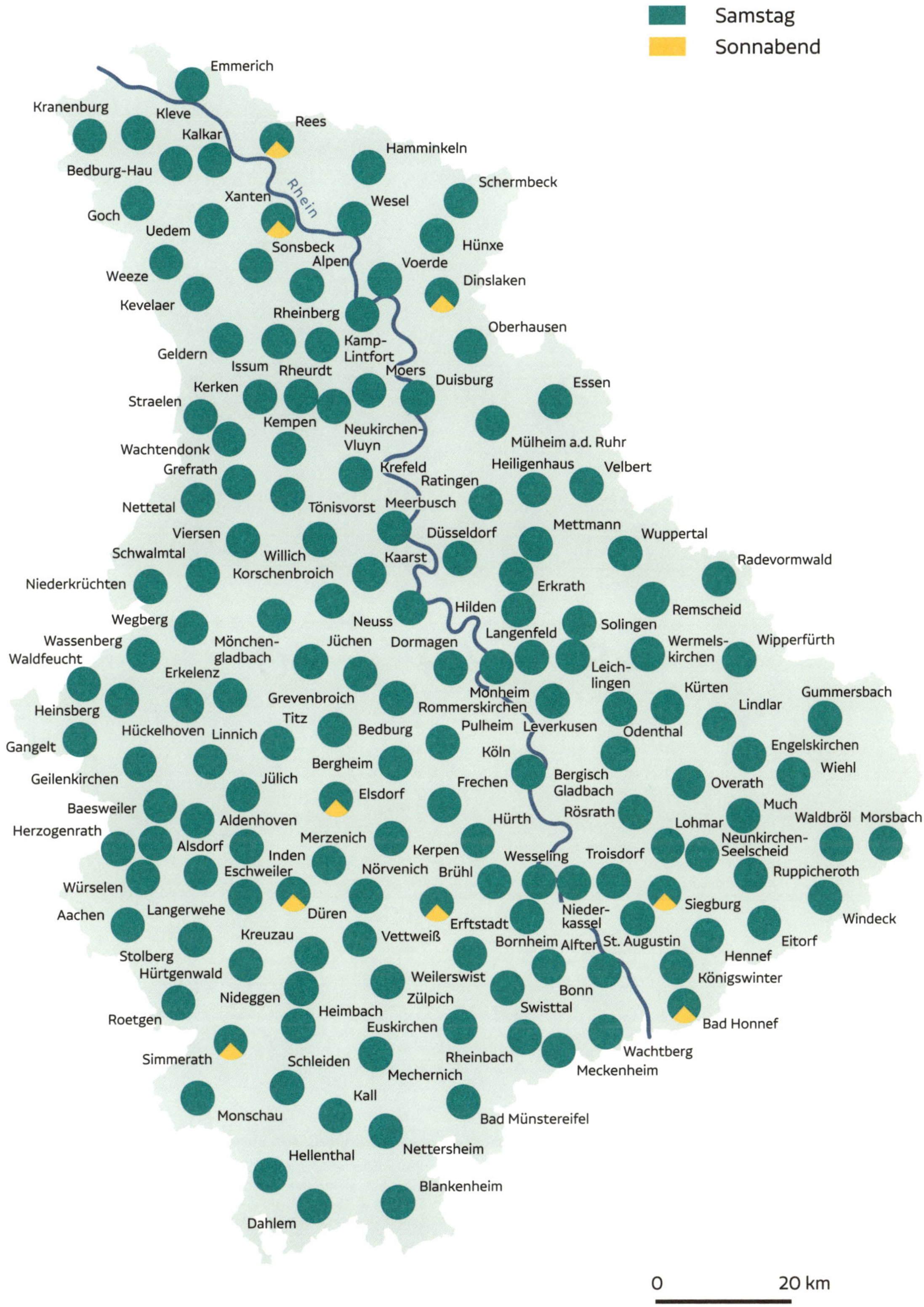

48 49 50

Weckmann oder Stutenkerl

Im Rheinland ist das ›Gebildbrotmännchen (mit Tonpfeife)‹ sehr beliebt, und die örtlichen Dialekte halten heute noch eine große Zahl von Bezeichnungen für dieses besondere Backwerk parat. Auf der Dialektkarte sind fünf davon mit eigenen Symbolen zu finden: *Weckmann* ●, *Stutenkerl* ●, *Puhmann* ●, *Buckmann* ● und *Kloskerl* ●. Zu den Bezeichnungen, die sich hinter den grünen ● Symbolen verbergen können, gehören (in teilweise geänderter Schreibung):

Hellijemannskälsche, Hellijemann-Ditz, Hierzemann/Heetzemann, Hierzemännche, Kippekerl, Kloos, Sente(r)kloos, Krentekerl, Krenteweckmann, Märtesmann, Märtesweck, Meärtestütze, Piepenkerl, Piefekäl, Piefemann, Piefekloos oder *Pitterkerl.*

Zu *Weckmann, Stutenkerl* und *Buckmann* waren zahlreiche Lautvarianten zu verbuchen, eine Auswahl: *Weggemann, Weckmännes, Weckmänneke* und *Weggemännsche, Stuttekerl* und *Stüttekerl, Buggemann, Buckmännes, Buckmoon, Buggemännke* und *Buggemännche.* Dagegen zeigt sich bei *Puhmann* keine phonetische Variation, während *Kloskerl* auch als *Kloskäl* begegnet. Weitere Bezeichnungen, die der Sammelkategorie ● zugewiesen wurden, sind zum Beispiel: *Weckes, Weckkerl, Weggkerl* und *Weckpopp* sowie *Stuttemann, Stuttmann* und *Stutepitter.*

Weckmann und *Stutenkerl* – ein *Mann* aus *Weck* und ein *Kerl* aus *Stuten.* Dabei sind *Weck (Wecken)* und *Stuten* jeweils Bezeichnungen für eine bestimmte Brotsorte, die früher eher an Sonn- und Feiertagen als an Werktagen verzehrt wurde. *Mann* und *Kerl* werden als Grundwörter auch sonst zumeist verwendet: *Puhmann, Buckmann* (in *Buckmoon* mit lautlicher Variante), *Hierzemann, Märtesmann, Kloskerl, Krentekerl, Piefekäl* und so weiter. Andere Grundwörter sind beispielsweise *Popp* (›Puppe‹: *Weckpopp*), *Kloos* (›Nikolaus‹: *Piefeklos,* wörtlich ›Pfeifen-Nikolaus‹) oder *Weck* (*Märtesweck,* wörtlich ›Martinsweck‹). Der *Buckmann* ist der ›Bauchmann‹, *Kloskerl* lässt sich mit ›Nikolaus-Kerl‹ übersetzen.

Die nächste Karte behandelt dasselbe Thema, diesmal für den Regiolekt; Basis sind die ILR-Fragebogen der Altersgruppe 45–64 Jahre aus dem Jahr 2005. Auch für den

Regiolekt wurden mehr Gebildbrot-Bezeichnungen genannt, als in der Legende aufgeführt sind, etwa *Krintenkerl, Nikolaus, Martinsweck* oder *Piepenkerl*. Die Kartenlegende beider Karten enthält dieselben Bezeichnungen, ihnen sind jeweils identische Farben zugeordnet. Auf der Regiolektkarte dominiert das Türkis ■ von *Weckmann*, der von den Gewährsleuten für den größten Teil des Rheinlands genannt wurde: von der Eifel im Süden bis nach Emmerich an der Grenze zu den Niederlanden. Nicht zum *Weckmann*-Areal gehört ein Streifen im Osten zwischen Bergneustadt und Radevormwald im Bergischen Land über Duisburg und Essen bis nach Hamminkeln am unteren Niederrhein, wo *Stutenkerl* ■ die übliche Bezeichnung ist; für das benachbarte Rees wurde *Stutenkerl* an zweiter Stelle hinter *Weckmann* genannt. Zwischen Kamp-Lintfort, Neukirchen-Vluyn und Duisburg reicht das *Stutenkerl*-Gebiet auf das linke Rheinufer hinüber.

Das linksniederrheinische *Buckmann*-Areal ■ zwischen Straelen und Mönchengladbach ist gut zu erkennen, wenn *Buckmann* auch seltener genannt wurde und nur noch einmal vor *Weckmann* rangiert (in Straelen). *Kloskerl* ■ ist beinahe verschwunden und tritt nur noch in Wülfrath und Mettmann im Bergischen Land in Erscheinung. *Puhmann* ■, auf der Dialektkarte für Mülheim-Saarn gemeldet, erscheint für Mülheim.

Weckmänner und *Stutenkerle* hatten in den Dialekten des Rheinlands einst viele Namen. Auf der Dialektkarte, basierend auf Material des Jahres 2011, sind zahlreiche Reminiszenzen dieser früheren Vielfalt zu finden, auch wenn *Weckmann* schon am häufigsten genannt wird. Im Regiolekt hat sich *Weckmann* noch stärker durchgesetzt. Es ist gut möglich, dass der regiolektale *Weckmann* den dialektalen *Weckmann (Weggemann, Weckmänneke ...)* zusätzlich vorantreibt.

Das zweite »Gewinnerwort« auf der Regiolektkarte ist *Stutenkerl* ■. Auf der Dialektebene ist es im Ruhrgebiet und am unteren Niederrhein verwurzelt, während es in der regionalen Umgangssprache auch im östlichen Bergischen Land verwendet wird. Hier liegt es nahe, an eine Ausstrahlung des westfälischen *Stutenkerls* zu glauben. Der Vergleich beider Karten lässt sehr viel Bewegung erkennen.

Wie heißen *Weckmann* und *Stutenkerl* in der Standardsprache? Rheinländer im *Weckmann*-Gebiet werden im Hochdeutschen keine andere Vokabel kennen – und sie werden wohl auch keine Sekunde darüber nachdenken, ob der *Weckmann* im Hochdeutschen anders heißen könnte. In den Bäckereien lesen sie jeden Herbst, wie dieses Wort geschrieben wird: *»Weckmann«*. Im *Stutenkerl*-Gebiet verhält es sich ebenso: Die dort lebenden Rheinländerinnen wissen dank ihrer Bäckereifachgeschäfte genau, wie das Wort zu schreiben ist: *»Stutenkerl«*. Allerdings kennt der Rechtschreib-Duden von 2017 den *Weckmann* nicht, so dass man ihn zwischen *Weckerl, Weckglas* und *Weckruf* vergebens sucht. Ebenso fehlt in diesem Nachschlagewerk der *Stutenkerl* als Stichwort. Wenn es um die Schreibung geht, müssen wir uns also auf die Bäckerinnung verlassen.

Die dritte Karte beruht auf demselben Fragebogenmaterial wie die zweite, handelt es sich doch um eine Umzeichnung derselben. Dargestellt werden die beiden Bäckerei-Bezeichnungen *Weckmann* ■ und *Stutenkerl* ■, wobei rund um Mülheim an der Ruhr vielleicht ein weißer Fleck eingezeichnet werden könnte. Dort stellt sich die *Puhmann*-Frage (siehe unten). Die räumliche Verteilung von *Weckmann* und *Stutenkerl* deckt sich mit den Angaben der vorangehenden Karte, nur dass jetzt Flächen anstelle der Kreisdiagramme zu sehen sind. Die *Buckmann*- und *Kloskerl*-Belege wurden fortgelassen. Wer in der regionalen Umgangssprache wie im Dialekt *Buckmann* oder *Kloskerl* sagt, wird in der Bäckerei einen *Weckmann* oder einen *Stutenkerl* bestellen – und er wird, wenn er im Deutschunterricht einen Aufsatz über die Martins- oder Nikolauszeit zu schreiben hat, darin das Gebildbrot in der Gestalt eines Mannes ebenfalls als *Weckmann* oder *Stutenkerl* bezeichnen. Vermutlich wird kein Lehrer und keine Lehrerin daran Anstoß nehmen. Die Schraffuren auf der Karte wurden für Gebiete gewählt, in denen beide Bezeichnungen nebeneinander vorkommen. Es sind jeweils Übergangsräume, wobei im Bergischen Land der *Stutenkerl* im Westfälischen (nicht auf der Karte) mitgedacht werden muss.

In den Regiolekten an Rhein und Ruhr herrschen *Weckmann* und *Stutenkerl* vor, im Standarddeutschen sind hier *Weckmann* und *Stutenkerl* die üblichen Bezeichnungen – in ihrem jeweiligen Verbreitungsgebiet. Trifft es nun zu, dass die Umgangssprache hier auch die Wortwahl im heutigen Dialekt beeinflusst (siehe oben), dann »hängen« Dialekt, Regiolekt und Hochdeutsch eng »zusammen«. So nennt der in Essen ansässige Polizei-Sportverein (PSV) seine jeweils im Dezember stattfindende Schwimmveranstaltung »*Stutenkerl*-Schwimmfest«.

Bleibt noch die *Puhmann*-Frage, die sich so nur in Mülheim an der Ruhr (und gegebenenfalls in seiner nächsten Umgebung) stellt. Ursprünglich scheint der *Puhmann* dasselbe gewesen zu sein wie ein *Buhmann:* ein ›Schreckgespenst‹ also. An der Ruhr übertrugen die Menschen das Wort auf das beliebte Backerzeugnis in männlicher Gestalt, das man heute unter dieser Bezeichnung in Mülheimer Bäckereien kaufen kann. Ob junge Mülheimer*innen sich trauen, im Rahmen eines Schulaufsatzes über den *Puhmann* zu schreiben oder ob sie »sicherheitshalber« zu *Weckmann* (oder *Stutenkerl?*) wechseln? Müsste man den *Puhmann* also in die dritte Karte, die die hochdeutschen Sprachverhältnisse veranschaulichen soll, einzeichnen? Und falls sich die Schüler*innen für ihren *Puhmann* entscheiden: *Puhmann* mit oder ohne *h*, also *Pumann?* Wie *Schuhmann* oder doch wie *Schumann?*

Jause, Jänner, heuer, die Wägen – alles Hochdeutsch. Kein rheinländisches Hochdeutsch natürlich, aber Deutsch ist halt durch seine Regionen geprägt und dann auch noch von Staat zu Staat unterschiedlich, in Österreich anders als in Deutschland, im Rheinland anders als in der benachbarten Deutschsprachigen Gemeinschaft Belgiens. Was dort eine *Farde* ist, ist in Aachen ein *Aktenordner, Heizöl* nennt man in Eupen *Mazout*. Die französischen Lehnwörter *Farde* und *Mazout* gehören jenseits der Grenze zur Alltagssprache, vielleicht auch zum dortigen Hochdeutsch? Im Rheinland sind sich die Menschen bei *Heizöl* und *Aktenordner* einig; wenn es aber ans *Fegen* oder *Kehren* geht oder wenn Gebildbrote zu kaufen sind, unterscheidet sich ihr Hochdeutsch regional. Das Land am Rhein bietet zwischen Emmerich und Eifel, zwischen Aachen und Gummersbach reichlich Raum, in dem sich sprachliche Variation entfalten kann.

Literatur: *Cornelissen 2006*
Duden Rechtschreibung 2017 (S. 1209 Weckerl)
Rheinisches Wörterbuch 1928–1971, Band 6

S. 191
ILR-Fragebogen 9 (2011), Frage 5

S. 192/193
ILR-Fragebogen 8 (2005), Frage 3
Altersgruppe 45–64 Jahre

Weckmann oder Stutenkerl (Dialekt)

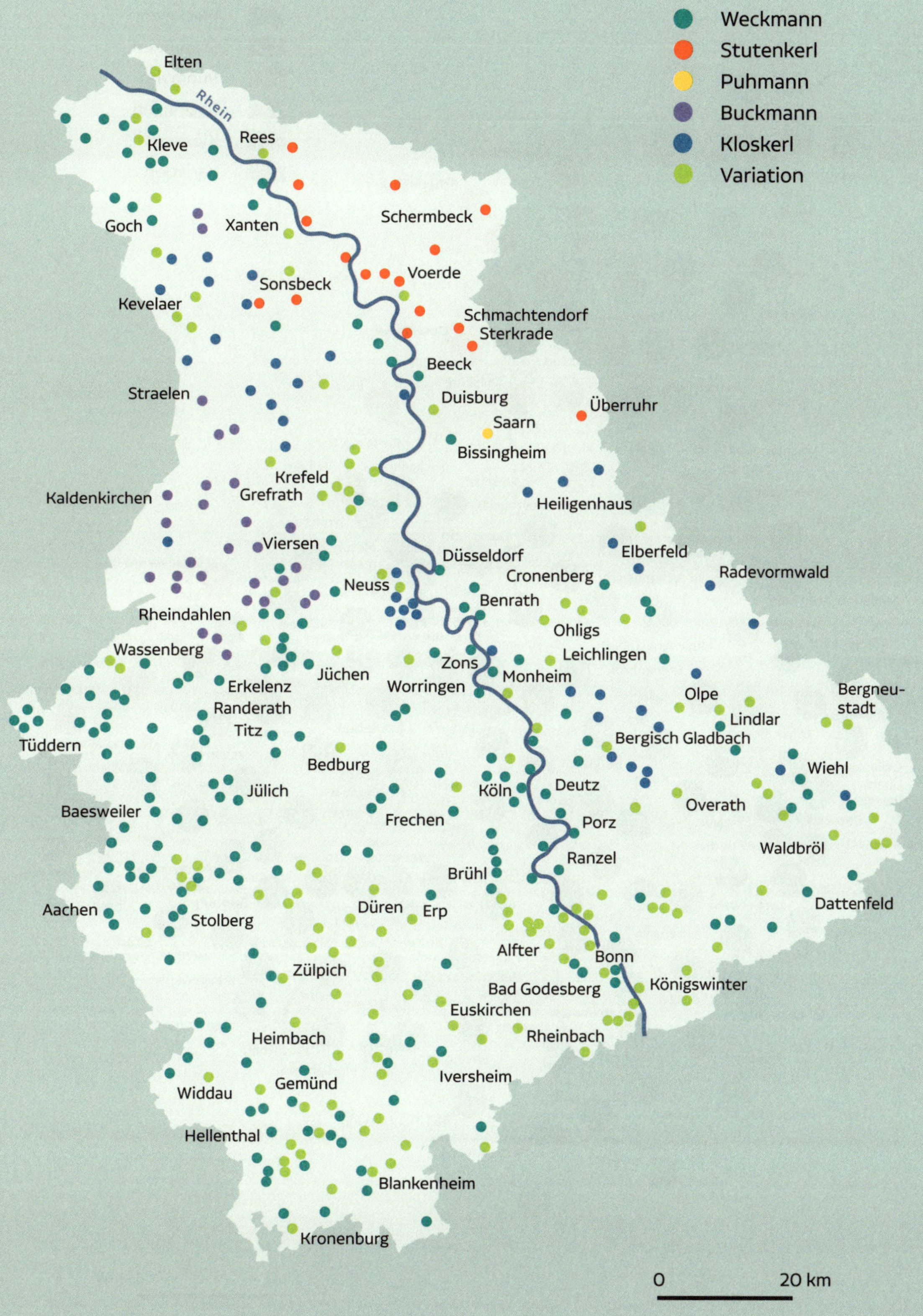

Weckmann oder Stutenkerl (Regiolekt)

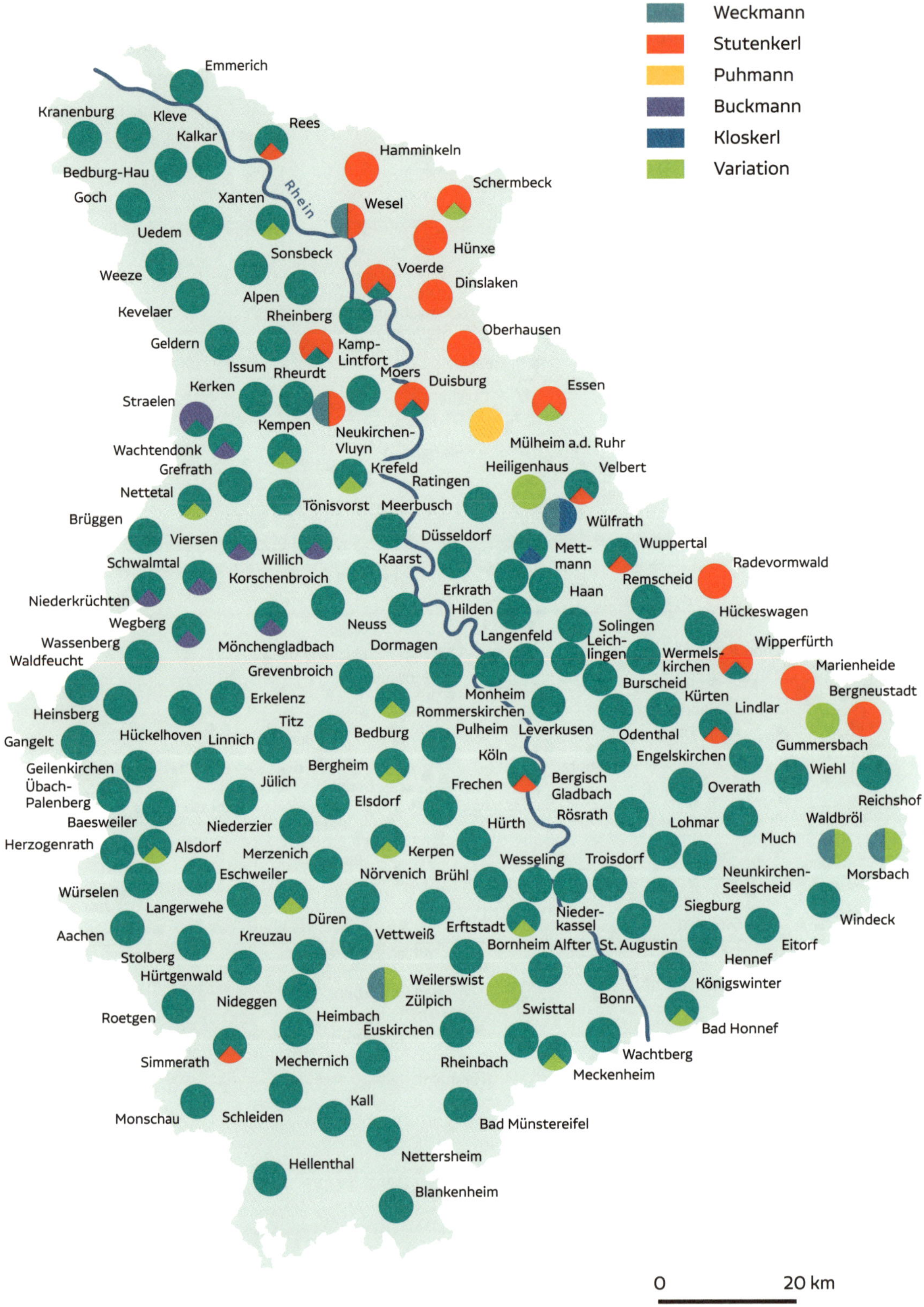

Weckmann oder Stutenkerl (Hochdeutsch)

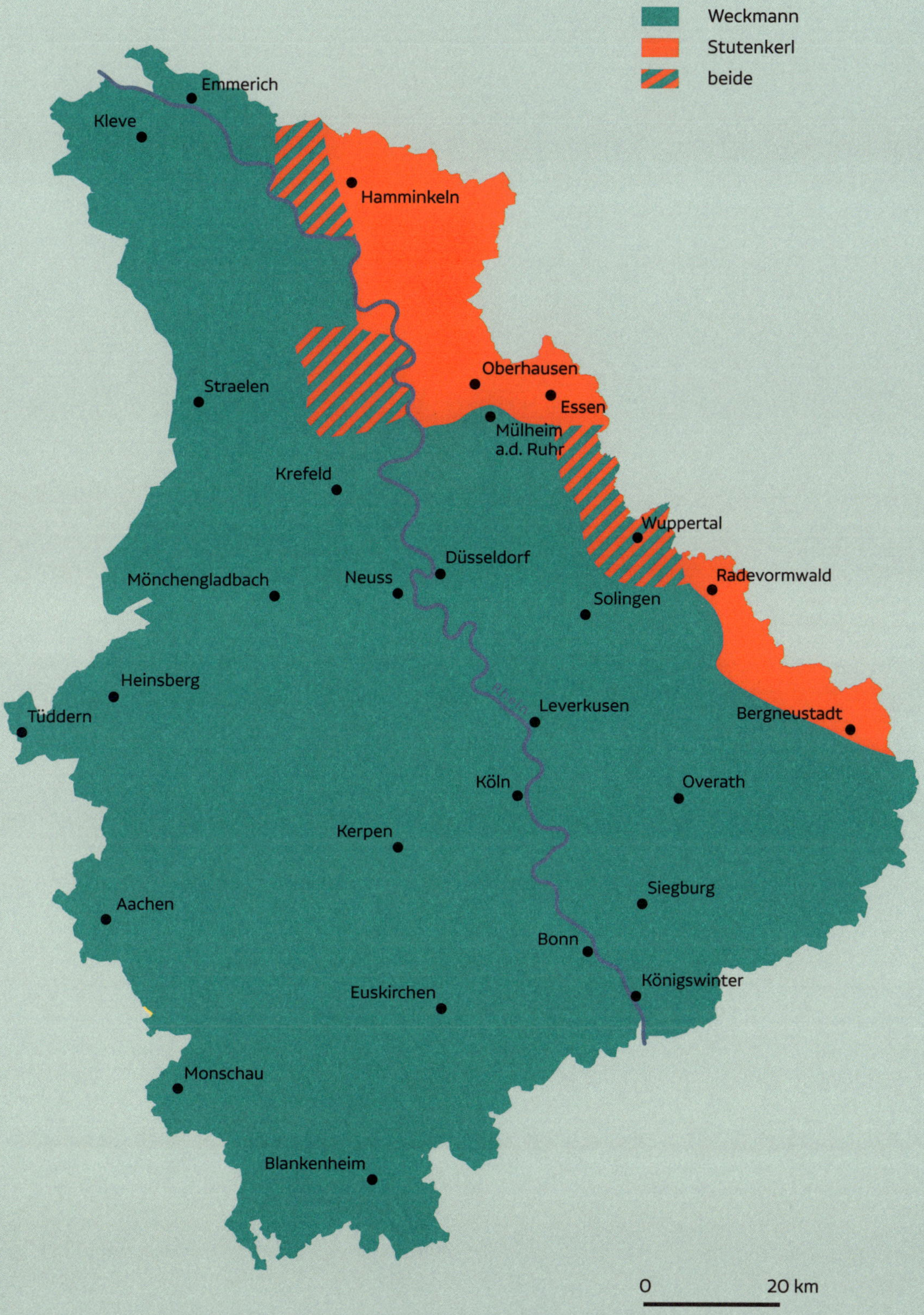

Karten lesen

Wie Wörter wandern, wie Laute und grammatische Formen wandern – die Karten in diesem Atlas geben Aufschluss. Betrachten Sie sie doch als Momentaufnahmen, auf denen solche Wanderungen – in anderer Terminologie: solche Sprachwandelprozesse – eingefangen werden. »Das Land am Rhein bietet zwischen Emmerich und Eifel, zwischen Aachen und Gummersbach reichlich Raum, in dem sich sprachliche Variation entfalten kann«, lautete der letzte Satz im letzten Kartenkommentar: Es geht um das Verhältnis von Sprache und Raum.

In diesem Raum haben sich sprachliche Veränderungen auf zwei verschiedenen Pfaden ausbreiten können. Entweder von Mund zu Mund und von Ort zu Ort. Oder über den Einfluss der geschriebenen Sprache und der Sprache der Medien. Auf den Regiolektkarten in diesem Atlas lassen sich beide Wege sprachlichen Wandels beobachten.

Die heute im Land am Rhein zu hörenden Regiolekte sind »standardnahe« Umgangssprachen: Sie schließen ans Standarddeutsche (Hochdeutsche) an, weisen aber zahlreiche Merkmale auf, die den Dialekten entstammen: Die Regiolekte sind unüberhörbar dialektal geprägt. Ganz auffällig sind beispielsweise die Kleinwörter *dat* und *wat*, die hier überall verwendet werden und diesem Atlas zu seinem Titel verholfen haben (siehe Karte 15).

Auch das *j* in *Jummi* ist den Dialekten geschuldet (siehe Karten 30–33). Die Verbreitung dieser regionalen Aussprachevariante ist das Ergebnis früheren Sprachwandels, dessen Spuren sich also noch auf heutigen Regiolektkarten nachverfolgen lassen. Das rheinische *j* hat sich einmal von Süden aus (Köln!) nach Norden ausgebreitet, der Prozess ist allerdings zum Stehen gekommen, nach Auskunft der Karten wird *Jummi* heute bis etwa Kempen und Krefeld verwendet. Am Ostrand des Rheinlands ist das *j* ebenfalls nicht »angekommen«.

Viele Merkmale der Regiolekte, die den Mundarten zu verdanken sind, gehen jedoch von Generation zu Generation mehr verloren, was bei einem Vergleich der Karten für unterschiedliche Altersgruppen besonders gut erkennbar wird. So zeigen die

Karten 26–29 anschaulich, dass Wörter wie *Kalle* oder *Kandel* verschwinden, ein Prozess, den ich als Entdialektalisierung des Regiolekts bezeichne. Die Kartenpaare und Kartenserien in diesem Atlas, mit deren Hilfe sich der Regiolekt verschiedener Generationen vergleichen lässt, bringen die zeitliche Dimension auf augenfällige Weise ins Spiel. Es wäre schön, wenn man die Kartenbilder übereinander projizieren könnte – dann würde die Bewegung, die Dynamik des sprachlichen Geschehens noch besser sichtbar.

Im Rheinland wird seit dem 16. Jahrhundert das Hochdeutsche als Schriftsprache verwendet. Es hat sich als überdachende Sprache »über« die Dialekte geschoben und wird seit dem 20. Jahrhundert von Radio und Fernsehen unmittelbar in jedes Haus getragen. Allerdings wurde am unteren Niederrhein bis ins 19. Jahrhundert hinein das Niederländische anstelle des Deutschen oder neben dem Deutschen verwendet.

Dass mit der Entdialektalisierung des Regiolekts eine Annäherung ans Hochdeutsche einhergeht, wird auf zahlreichen Karten fassbar, etwa dann, wenn junge Rheinländer*innen statt der im Dialekt beheimateten Synonyme *Kalle* oder *Kandel* oder anstelle der ebenfalls in der Region verwurzelten Bezeichnung *Dachrinne* heute von der *Regenrinne* sprechen (siehe Karte 29). Hochdeutscher Einfluss ist manchmal an »Farbtupfern« zu erkennen, etwa auf der Hausschuh-Karte (siehe Karte 35): Zwischen den Belegen *Schluffen, Schluppen* und *Schlappen* tauchen an den verschiedensten Stellen auf der Karte die grünen Tupfer für die standardsprachlichen *Pantoffeln* auf. Sie sind nicht dem regionalen Austausch zwischen Nord, Ost, Süd und West, sondern der überall gegebenen Präsenz des überdachenden Hochdeutschen zu verdanken.

Die Regiolekte stehen im Austausch mit benachbarten Regiolekten. Außerdem sind die rheinländischen Regiolekte offen für den umgangssprachlichen Wortschatz anderswo in Deutschland, was sich etwa an der Verbreitung von *Stulle* zeigt (siehe Karte 20). »Fremd« oder »neu« im Rheinland sind auf der Hausschuh-Karte auch die *Puschen,* die als Farbtupfer verstreut im Raum in Erscheinung treten. Die *Puschen* werden aus der Umgangssprache Norddeutschlands übernommen.

Als »horizontalen Sprachwandel« bezeichnet man Veränderungen, die auf ein und derselben sprachlichen Ebene zu beobachten sind. Früher, als der Dialekt noch in aller Munde war und auch im zwischenörtlichen Verkehr verwendet wurde, benutzte die Linguistik diesen Terminus, um die Weiterverbreitung sprachlicher Neuerungen von Ort zu Ort begrifflich zu fassen. Umgangssprachliche Wörter wie *Stulle* oder *Puschen* lernen wir heute jedoch über die Medien oder während Ferienreisen kennen.

Wenn Wörter, Laute oder Formen wandern, können sich ihre Pfade kreuzen – horizontal wie vertikal. Eine einmal aus der Standardsprache übernommene Bezeichnung kann sich von Ort zu Ort weiter ausbreiten, so dass auf der Karte aus verstreuten Tupfern Areale entstehen. Das regionalsprachliche *Plümmo* (siehe Karte 16) hat, als *Plumeau* entlehnt, vielleicht auch mal ganz klein angefangen.

Die Karten zum Wortgeschlecht von *Sellerie* ließen kaum räumliche Verbreitungsmuster erkennen (siehe Karten 44/45). Die Interpretation der beiden Kartenbilder geht von einer wechselseitigen Beeinflussung von Dialekt und Regiolekt aus, bei der sich beide Sprachlagen und wohl auch das in der Region gesprochene Standarddeutsch einander anpassen: konvergieren. Die Karten lehren, dass die Regiolekte nach allen Seiten hin offen sind: Sprachwandel ist so auf horizontaler Ebene wie im vertikalen Austausch (zum überdachenden Hochdeutschen wie zum unterliegenden Dialekt hin) zu beobachten. Dialekt, Regiolekt und Hochdeutsch – keine dieser Sprachlagen existiert isoliert von den anderen.

In der jüngeren regionalsprachlichen Forschung ist der Begriff »Synchronisierung« (Schmidt/Herrgen) vorgeschlagen worden, um solche dynamischen Prozesse zu fassen, die sowohl beim einzelnen Menschen als auch in der Sprachgemeinschaft insgesamt zu konstatieren sind. Sprachwandel, wie er sich auf den Karten manifestiert, wird in anderer Perspektive als das Wirken einer »unsichtbaren Hand« beschrieben (Keller). Schließlich böte sich vielleicht auch der sozial- und kulturwissenschaftliche Begriff des »Aushandlungsprozesses« dazu an, den auf Sprachkarten sichtbar werdenden Wandel zu analysieren.

Leider erlauben uns die Karten keinen Einblick in die situative Variation, die für unseren Alltag und die Alltagssprache prägend ist. Gut, mit *dat* und *wat* ist überall zwischen Emmerich und Eifel zu rechnen (siehe Karte 15) – aber wer wann zu wem *dat* oder *das*, *wat* oder *was* sagt, ist dem Kartenbild nicht zu entlocken. Die mit Hilfe von Fragebogen erhobenen Daten gäben das auch gar nicht her. Vielleicht achten Sie versuchsweise ja einmal selbst darauf, zum Beispiel für die Dauer eines Tages vom frühen Morgen bis zum späten Abend, wie oft Sie welche Variante benutzen. Und wenn Sie dann diese persönliche Studie im Abstand von vielleicht zwei Jahren regelmäßig wiederholen, kommen Sie möglicherweise Entwicklungen auf die Spur, die sich zu Ihrer Zeit im Sprachraum zwischen Emmerich und Eifel vollziehen.

Literatur: *Goossens 1979*
Keller 2014
König/Elspaß/Möller 2019
Schmidt/Herrgen 2011

Karten zeichnen

Ein Großteil der 50 Karten, darunter alle Regiolektkarten, geht auf Fragebogenerhebungen des LVR-Instituts für Landeskunde und Regionalgeschichte zurück. Das Material stammt von folgenden Fragebogen:

Regiolekt
Fragebogen 10 (2012)
Fragebogen 8 (2005)
Fragebogen 7 (2002)
Fragebogen 6 (2000)

Dialekt
Fragebogen 11 (2017/18)
Fragebogen 9 (2011)
Fragebogen 4 (1997)

Die Bearbeitung des Regiolektmaterials folgte einem einheitlichen Muster: Zunächst wurden alle Fragebogen einer Kommune zugeordnet. Jede Gemeinde und jede Stadt des Rheinlands ist also auf den Karten vertreten, es sei denn, dass für sie keine Antwortbogen vorlagen; das sind aber auf den meisten Karten nur Ausnahmen. Auf den Regiolektkarten bildet folglich die Kommune – und nicht wie bei den Dialektkarten der »Ort« – die kleinste Einheit.

Innerhalb jeder Kommune wurde nach Lebensalter der Gewährsleute differenziert:

Altersgruppe 65plus
Altersgruppe 45–64 Jahre
Altersgruppe 25–44 Jahre
Altersgruppe 16–24 Jahre

Eine solche Differenzierung erschien notwendig, da sich die Regiolekte im Rheinland von Generation zu Generation erheblich unterscheiden. Die meisten Regiolektkarten im Atlas fußen auf den Fragebogen der Menschen im Alter von 45 bis 64 Jahren (jeweils bezogen auf das Jahr der Erhebung). Deren Regiolekt steht den Dialekten deutlich näher als die regionalen Register der Jugendlichen. Wenn nicht alles täuscht, sprechen die Rheinländer*innen zwischen 45 und 64 Jahren allerdings signifikant seltener Platt als die älteste Generation (65plus). In den wenigen Fällen, in denen für die Altersgruppe 45–64 keine Fragebogen vorlagen, wurde nach Möglichkeit das Material für die Gruppe 65plus oder 25–44 herangezogen.

Für die Karten wurde das Fragebogenmaterial im Anschluss noch einmal reduziert. Von den für jede Kohorte (= Altersgruppe in einer Kommune) insgesamt vorliegenden Fragebogen wurden nur zehn in die Auswertung einbezogen, was allein arbeitsökonomische Gründe hatte. Diese zehn Gewährsleute wurden nicht zufällig ausgewählt; es handelt sich vielmehr um die dem Alter nach jeweils mittlere Gruppe der Kohorte.

Auf der Basis des derart strukturierten und reduzierten Materials entstanden die Diagrammkarten. Sie enthalten einfarbig gefüllte Kreise, wenn für eine Kommune nur eine einzige Variante gemeldet worden war, und unterteilte Kuchendiagramme mit maximal zwei Farben, wenn zwei oder mehr Varianten darzustellen waren. Die geteilten Diagramme sollen veranschaulichen, dass das Nebeneinander konkurrierender Wörter oder Formen ein Normalfall im Regiolekt ist. Zwei Ziele waren dabei unter einen Hut zu bringen: Die von den Gewährsleuten tatsächlich gemeldete Variation sollte auf der Karte, zur Not immerhin andeutungsweise, sichtbar gemacht werden. Das Kartenbild sollte gleichwohl gut »lesbar« und übersichtlich sein. Auf einer Regiolektkarte dieses Typs werden sowohl die Verbreitungsgebiete der einzelnen Varianten dargestellt als auch örtliche (kleinräumige) Varianten in gewissem Umfang ins Blickfeld gerückt.

Deshalb werden auch nur Kuchendiagramme mit zwei (und nicht mehr) Farben verwendet, zudem nur in zwei verschiedenen Aufteilungen. Ist das Diagramm hälftig geteilt, waren die beiden Varianten in exakt gleicher Zahl gemeldet worden. Das Verhältnis von drei Vierteln zu einem Viertel signalisiert, dass die eine Variante häufiger als die zweite aufgetaucht war – unabhängig davon, welche zahlenmäßige Relation genau vorlag.

Das Halbe-halbe-Diagramm wird auch dann verwendet, wenn bei drei und mehr Varianten zwei gemeinsam den ersten Rang belegen. Das Dreivierteldiagramm zeigt bei drei und mehr für eine Kommune vorliegenden Varianten im oberen Feld die häufigste, im unteren die zweithäufigste Variante, so dass die übrigen Varianten nicht kartiert werden.

Die Sammelkategorie »Variation« hat verschiedene Funktionen: So kann sie in allen drei Diagrammtypen für eine Bezeichnung stehen, die nicht in der Legende aufgeführt ist. Ferner kommt diese Kategorie ins Spiel, wenn mehr als zwei Varianten zu berücksichtigen gewesen wären, wenn also drei oder mehr Bezeichnungen in derselben Häufigkeit vorkamen.

Die Formen in den Kartenlegenden sind als Leitformen aufzufassen; es werden nicht alle Lautvarianten aufgeführt, die nach den Auskünften der Gewährspersonen existieren dürften.

Bei den Dialektkarten handelt es sich zumeist um Punktsymbolkarten (siehe dazu die Einleitung). Jedes Symbol steht für einen Ort. Wurde auf den Fragebogen eines Orts mehr als eine Variante gemeldet, erscheint die häufigste auf der Karte; das heißt also, dass in diesem Fall die tatsächliche Varianz reduziert wird. Nehmen zwei oder mehr Varianten gemeinsam die erste Stelle ein, erscheint für diesen Ort »Variation« (rosé). Auf der Dialektkarte für das Wortgeschlecht von *Sellerie* (siehe Karte 44) heißt das, dass für den betreffenden Ort unterschiedliche Genusangaben mit identischer Häufigkeit gemacht worden waren. »Variation« auf der Dialektkarte kann jedoch auch bedeuten, dass für einen Ort eine nicht in der Legende aufgeführte Variante als einzige oder als häufigste genannt worden war. Die Entscheidung für kleine, einfarbige Punktsymbole und damit für die Reduktion der dargestellten Variantenfülle ist auch in der großen Zahl der Orte begründet. So sind auf der Dialektkarte für das Wortgeschlecht von *Sellerie* beispielsweise 462 Punktsymbole zu finden.

Im Diskurs über Dialekte oder über regionale Sprachformen taucht recht schnell der Begriff »Sprachgrenze« auf. Grenzen begrenzen ein Areal, Grenzen grenzen A von B ab, Grenzen erfüllen eine wichtige Funktion für die Orientierung im Raum.

Die deutsch-niederländische Sprachgrenze lässt sich exakt beschreiben. Es ist eine gedachte Linie, identisch mit der Staatsgrenze, deren Verlauf sich millimetergenau angeben lässt. Sie verläuft beispielsweise zwischen den Dörfern Twisteden (D) und Well (NL) oder zwischen den Städten Herzogenrath (D) und Kerkrade (NL). Legt man bestimmte Kriterien zugrunde, lässt sich auch der Verlauf der Benrather Linie (siehe Karte 4) ganz genau beschreiben: Diese Linie dürfte man immerhin als »Dialektgrenze« ansprechen; »Sprachgrenze« wäre eine Nummer zu hoch gegriffen.

Einteilungskarten sind ohne Grenzlinien schwer zu zeichnen. Aber Wort-, Formen- oder Lautkarten? Gibt es darauf Grenzen? Auf so mancher Karte in diesem Atlas ließen sich Linien eintragen, die das maximale Verbreitungsgebiet eines Phänomens sichtbar machen könnten. *Schluppen* beispielsweise reicht auf der Hausschuh-Karte (siehe Karte 35) nach Norden hin nicht über Neukirchen-Vluyn hinaus. Ein anderes Beispiel: Die vier Karten zur Regenrinne (Karten 26–29) zeigen, dass *Kandel* nur im Westen des Rheinlands vorkommt. Auf den Karten der einzelnen Altersgruppen markieren Jülich, Inden, Eschweiler und Schleiden in östlicher Richtung die Grenze des Geltungsbereichs von *Kandel*. Das wäre die Wortgrenze – allerdings mit dem Zusatz, dass im *Kandel*-Gebiet auch *Dachrinne* und *Regenrinne* vorkommen und dass im Norden dieses Wortareals, im Raum Gangelt, Übach-Palenberg und Baesweiler, ebenfalls mit *Kalle* und *Kännel* zu rechnen ist. Die Grenzen der Wortareale auf diesen Karten überlappen einander.

Wie lässt sich die räumliche Verteilung sprachlicher Varianten also bildlich darstellen? Was auf anderen Karten Grenzlinien (begrenzende Linien) leisten, soll auf den Regiolektkarten in diesem Atlas durch Farbkontraste erreicht werden: Wie sagt man wo? Wichtig war mir dabei, auch der sprachlichen Variation und der Vielfalt zu ihren Rechten zu verhelfen. Bunt und übersichtlich – solche Karten wollte ich zeichnen.

Literatur: *Cornelissen 2017*
Herrgen/Schmidt 2019

Anhang

Literatur

Atlas zur deutschen Alltagssprache
Stephan Elspaß/Robert Möller: Atlas zur deutschen Alltagssprache (AdA) (2003ff.). https://www.atlas-alltagssprache.de/ (17.7.2020)

Beckschulte Platt/Plott
Louise Beckschulte: Platt/Plott. http://www.sprache-im-rheinland.lvr.de/ (17.7.2020).

Bergmann 1977
Rolf Bergmann: Mittelfränkische Glossen. Studien zu ihrer Ermittlung und sprachgeographischen Einordnung. 2., durchges. u. um einen Nachtrag ergänzte Aufl. Mit 36 Karten. (Rheinisches Archiv, 61). Bonn 1977.

Brüggler/Cott/Keller (in Vorbereitung)
Marion Brüggler/Eva Cott/Christoph Keller: Brüggen und Bracht aus archäologischer Sicht. In: Ina Germes-Dohmen (Hrsg.): Brüggen und Born. Geschichte der Gemeinden von der Frühzeit bis zur Gegenwart.

Cornelissen 1994
Georg Cornelissen; Niederländisch – Kleverländisch – Deutsch. Zur alten Verwandtschaft der Dialekte an Rhein und Maas und zu ihrem heutigen Auseinanderwachsen (Xantener Vorträge zur Geschichte des Niederrheins, 10). Duisburg 1994.

Cornelissen 2000
Ders.: Das *ai* in *Taisch* ›Tasche‹. Die Verbreitung einer auffälligen Lautentwicklung in den Dialekten des Rheinlandes – Mit einer Karte. In: Volkskultur an Rhein und Maas 18/1 (2000), S. 37–45.

Cornelissen 2005
Ders.: Rheinisches Deutsch. Wer spricht wie mit wem und warum. Köln [2]2005.

Cornelissen 2006
Ders.: Weckmann kontra Stutenkerl. Sprachliche Verdrängungswettbewerbe im Rheinland. In: Wir im Rheinland 24/2 (2006), S. 6–14.

Cornelissen 2008
Ders.: Areale Strukturen und generationenabhängige Varianz auf Regiolektkarten des Rheinlandes. In: Stephan Elspaß/Werner König (Hrsg.): Sprachgeographie digital. Die neue Generation der Sprachatlanten (Germanistische Linguistik, 190–191). Hildesheim, Zürich, New York 2008, S. 53–72.

Cornelissen 2010
Ders.: Zwischen Köttelbecke und Ruhr. Wie spricht Essen? Unter Mitarbeit von Hanna Mengen. Essen 2010.

Cornelissen 2012
Ders. (2012): *tschüssi, tschö* und *tschautschau*. Zu drei Fragen des ILR-Sprachfragebogens 10 (2012). In: Alltag im Rheinland (2012), S. 94–101.

Cornelissen 2014
Ders.: Der Niederrhein und sein Deutsch. Sprechen tun et fast alle. Köln [4]2014.

Cornelissen 2015a
Ders.: Kleine Sprachgeschichte von Nordrhein-Westfalen. Köln 2015.

Cornelissen 2015b
Ders.: Plümmo oder Oberbett? Worträume und Wortkarten. In: Alltag im Rheinland (2015), S. 8–11.

Cornelissen 2017
Ders.: Dialekt und Regiolekt im Kartenbild. Raumstrukturen in der Regionalsprache des Rheinlands. In: Alltag im Rheinland (2017), S. 63–88.

Cornelissen 2019
Ders.: Kölsch. Porträt einer Sprache. Köln 2019.

Cornelissen Nacht
Ders.: Nacht. http://www.sprache-im-rheinland.lvr.de/ (17.7.2020).

Cornelissen/Denkler 2018
Ders./ Markus Denkler (Hrsg.): Die Dialekte von Nordrhein-Westfalen. 44 Sprachaufnahmen aus dem 20. und 21. Jahrhundert. Münster 2018. (CD)

Cornelissen/Dick Hund
Ders./ Christina Dick: Hund. http://www.sprache-im-rheinland.lvr.de/ (17.7.2020)

Das rheinische Platt – Eine Bestandsaufnahme 1989
Das rheinische Platt – Eine Bestandsaufnahme. Handbuch der rheinischen Mundarten, Teil 1: Texte. Hrsg. von Georg Cornelissen/Peter Honnen/Fritz Langensiepen (Rheinische Mundarten, 2). Köln 1989 (Mit Tonkassette).

Debrabandere 2011
Frans Debrabandere: Limburgs etymologisch woordenboek. De herkomst van de woorden uit beide Limburgen. Löwen 2011.

Debus 1962
Friedhelm Debus: Zwischen Mundart und Hochsprache. Ein Beitrag zur Stadtsprache – Stadtmundart und Umgangssprache. In: Zeitschrift für Mundartforschung 29/1 (1962), S. 1–43.

Denst 1999
Maria Louise Denst: Bergisches Mundart-Wörterbuch für Kürten-Olpe und Umgebung. Olper Platt, unter Mitarbeit von Helene Zöller (Schriftenreihe des Bergischen Geschichtsvereins Abt. Rhein-Berg, 29). o. O. 1999.

Deutscher Wortatlas 1958
Deutscher Wortatlas. Band 8. Von Walther Mitzka und Ludwig Erich Schmitt. Gießen 1958.

Dialekt à la carte 1993
Dialekt à la carte. Dialektatlas Westmünsterland – Achterhoek – Liemers – Niederrhein. Unter Mitarbeit von Christa Hinrichs hrsg. von Georg Cornelissen/Alexander Schaars/ Timothy Sodmann (Rheinische Mundarten, 5; Westmünsterland. Quellen und Studien, 3). Doetinchem, Köln, Vreden 1993.

Dicks 1998
Karl Dicks: Vogteier Wörterbuch. Eine Dokumentation der Mundart in der Vogtei Gelderland. Mit einer Einführung von Georg Cornelissen. Nieukerk 1998.

Dittmaier 1979
Dittmaier, Heinrich: Die linksrheinischen Ortsnamen auf -dorf und -heim. Sprachliche und sachliche Auswertung der Bestimmungswörter (Rheinisches Archiv, 108). Bonn 1979.

Duden Grammatik 2005
Duden. Die Grammatik. Unentbehrlich für richtiges Deutsch. Hrsg. von der Dudenredaktion (Duden, 4). 7., völlig neu erarb. und erw. Aufl. Mannheim, Leipzig, Wien, Zürich 2005.

Duden Rechtschreibung 2017
Duden. Die deutsche Rechtschreibung. Hrsg. von der Dudenredaktion. Auf der Grundlage der aktuellen amtlichen Rechtschreibregeln (Duden, 1). 27., völlig neu bearb. und erw. Aufl. Berlin 2017.

Eichhoff 1977–2000
Jürgen Eichhoff: Wortatlas der deutschen Umgangssprachen. Band 1–4. Bern, München 1977–2000.

Elmentaler/Rosenberg 2015
Michael Elmentaler/Peter Rosenberg: Norddeutscher Sprachatlas (NOSA). Band 1: Regiolektale Sprachlagen. Unter Mitarbeit von Liv

Andresen u. a. Kartografie, Layout und Satz: Ulrike Schwedler (Deutsche Dialektgeographie, 113.1). Hildesheim, Zürich, New York 2015.

etymologiebank
http://www.etymologiebank.nl [Projektleitung: Nicoline van der Sijs] (17.7.2020)

Eumann 2008
Stephanie Eumann: Plümmo. Ein Lehnwort auf Abwegen. In: Wir im Rheinland 26/1–2 (2008), S. 14–18.

Fellsches 2013
Josef Fellsches: Duisburger Wortschätzchen. Mit Zeichnungen von Johannes Habig. o. O. [5]2013.

Frings 1926
Theodor Frings: Sprache. In: Hermann Aubin/ Theodor Frings/Josef Müller: Kulturströmungen und Kulturprovinzen in den Rheinlanden. Geschichte, Sprache, Volkskunde. Mit 77 Abbildungen im Text. Veröffentlichung des Instituts für geschichtliche Landeskunde an der Universität Bonn. Bonn 1926, S. 90–185.

Goossens 1979
Jan Goossens: Zum Verhältnis von mundartlichem und umgangssprachlichem Wortschatz in Niederdeutschland. In: Wolfgang Kramer/ UlrichScheuermann/ Dieter Stellmacher (Hrsg.): Gedenkschrift für Heinrich Wesche. Neumünster 1979, S. 39–51.

Herrgen 1986
Joachim Herrgen: Koronalisierung und Hyperkorrektion. Das palatale Allophon des /CH/-Phonems und seine Variation im Westmitteldeutschen (Mainzer Studien zur Sprach- und Volksforschung, 9). Stuttgart 1986.

Herrgen/Schmidt 2019
Ders./Jürgen Erich Schmidt (Hrsg.): Sprache und Raum. Ein internationales Handbuch der Sprachvariation. Band 4: Deutsch. Unter Mitarbeit von Hanna Fischer und Brigitte Ganswindt (Handbücher zur Sprach- und Kommunikationswissenschaft, 30.4). Berlin, Boston 2019.

Herrwegen 2017
Alice Herrwegen: De kölsche Sproch. Grammatik der kölschen Sprache. Köln [2]2017.

Honnen 2012
Peter Honnen: Kappes, Knies & Klüngel. Regionalwörterbuch des Rheinlands. 7., überarb. u. erw. Aufl. Köln 2012.

Honnen 2018
Ders.: Wo kommt dat her? Herkunftswörterbuch der Umgangssprache an Rhein und Ruhr. Köln 2018.

Honnen/Forstreuter 1994
Ders./Cornelia Forstreuter: Sprachinseln im Rheinland. Eine Dokumentation des Pfälzer Dialekts am unteren Niederrhein und des »Hötter Platt« in Düsseldorf-Gerresheim (Rheinische Mundarten, 7). Köln 1994.

Keller 2014
Keller, Rudi: Sprachwandel. Von der unsichtbaren Hand in der Sprache. Tübingen, Basel [4]2014.

König/Elspaß/Möller 2019
Werner König/Stephan Elspaß/ Robert Möller: dtv-Atlas Deutsche Sprache. Mit 155 Abbildungsseiten in Farbe. Grafiker Hans-Joachim Paul, Werner Wildermuth. 19., überarb. und korr. Aufl. München 2019.

Kremer 2019
Ludger Kremer: Das Bocholter Platt. Versuch einer Einordnung. In: Unser Bocholt 70/3 (2019), S. 26–38.

Kretschmer 1918
Paul Kretschmer: Wortgeographie der hochdeutschen Umgangssprache. Göttingen 1918.

Lameli 2013
Alfred Lameli: Strukturen im Sprachraum. Analysen zur arealtypologischen Komplexität der Dialekte in Deutschland (Linguistik – Impulse & Tendenzen, 54). Berlin, Boston 2013.

Lausberg/Möller 2000
Helmut Lausberg/Robert Möller: Rheinischer Wortatlas. Bonn 2000.

Leemann/Elspaß/Möller/Grossenbacher 2018
Adrian Leemann/Stephan Elspaß/ Robert Möller/ Timo Grossenbacher: Grüezi, Moin, Servus! Wie wir wo sprechen. Datengrundlage unter Mitarbeit von Marie-José Kolly u. a. Reinbek bei Hamburg 2018.

Menge 2013
Heinz H. Menge: Mein lieber Kokoschinski! Der Ruhrdialekt. Aus der farbigsten Sprachlandschaft Deutschlands. Bottrop 2013.

Möller 2003
Robert Möller: Das rheinische *tschö*. In: Rheinische Vierteljahrsblätter 67 (2003), S. 333–339.

Möller 2013
Ders.: Erscheinungsformen rheinischer Alltagssprache. Untersuchungen zu Variation und Kookkurrenzregularitäten im »mittleren Bereich« zwischen Dialekt und Standardsprache (Zeitschrift für Dialektologie und Linguistik. Beihefte, 153). Stuttgart 2013.

Müller 1912
Wilhelm Müller: Untersuchungen zum Vokalismus der stadt- und landkölnischen Mundart. Diss. Bonn 1912.

Münch 1904
Ferdinand Münch: Grammatik der ripuarisch-fränkischen Mundart. Bonn 1904.

Nagel 2013
Sarah Nagel: Koronalisierung: Ein bekanntes Phänomen mit unbekanntem Namen. *Wenn isch spresche ...* In: Alltag im Rheinland (2013), S. 83–88.

Post 1982
Rudolf Post: Romanische Entlehnungen in den westmitteldeutschen Mundarten. Diatopische, diachrone und diastratische Untersuchungen zur sprachlichen Interferenz am Beispiel des landwirtschaftlichen Sachwortschatzes. Mit 63 Karten (Mainzer Studien zur Sprach- und Volksforschung, 6). Wiesbaden 1982.

Prothmann 2009
Ottmar Prothmann: Grafschafter Wortschatz. Mundartwörterbuch von Birresdorf, Leimersdorf, Niederich und Oeverich (Veröffentlichungen zur Geschichte der Gemeinde Grafschaft, 5). Oeverich 2009.

Puckert Samstag
Sarah Puckert: Samstag http://www.sprache-im-rheinland.lvr.de (17.7.2020).

regionalsprache.de
Jürgen Erich Schmidt/Joachim Herrgen/ Roland Kehrein (Hrsg.) (2008ff.): Regionalsprache.de (REDE). Forschungsplattform zu den modernen Regionalsprachen des Deutschen. Bearb. von Dennis Bock u. a. Marburg: Forschungszentrum Deutscher Sprachatlas. https://regionalsprache.de (17.7.2020).

Rein Ortsnamen
Charlotte Rein: Ortsnamen auf -rath, -roth, -rott u. v. m. http://www.sprache-im-rheinland.lvr.de/ (17.7.2020).

Rempel 2013
Katharina Rempel: Bonn, Bönnsch & Bonner Deutsch. Sprachliche Vielfalt in der Bundesstadt. Bonn 2013.

Rheinisches Wörterbuch 1928–1971
Rheinisches Wörterbuch. Im Auftrag der Preußischen Akademie der Wissenschaften [...] bearb. und hrsg. von Josef Müller u. a. Bonn/ Berlin 1928–1971.

Rowling 1998
Joanne K. Rowling: Harry Potter und der Stein der Weisen. Aus dem Englischen von Klaus Fritz. Hamburg (1998).

Schirmunski 1962
Viktor M. Schirmunski: Deutsche Mundartkunde. Vergleichende Laut- und Formenlehre

der deutschen Mundarten (Deutsche Akademie der Wissenschaften zu Berlin. Veröffentlichungen des Instituts für deutsche Sprache und Literatur, 25). Berlin 1962.

Schmidt/Herrgen 2011
Jürgen Erich Schmidt/Joachim Herrgen: Sprachdynamik. Eine Einführung in die moderne Regionalsprachenforschung (Grundlagen der Germanistik, 49). Berlin 2011.

Schönberner 1980
Egon Schönberner: Onsen t'Hüs. Teil IV: Sprichwörter und Redensarten in niederrheinischer Mundart. In Zusammenarbeit mit Ingrid Hüsges, Erika Schönberner und Hans Braam. Kleve-Materborn 1980.

Twilfer 2012
Daniela Twilfer: Dialektgrenzen im Kopf. Der westfälische Sprachraum aus volkslinguistischer Perspektive (Westfälische Beiträge zur niederdeutschen Philologie, 13). Bielefeld 2012.

Van Veen/van der Sijs 1997
P. A. F. van Veen/Nicoline van der Sijs: Etymologisch woordenboek. De herkomst van onze woorden. Utrecht, Antwerpen 1997.

Webers 2009
Heinz Webers: Wörterbuch Krieewelsch – Deutsch. Deutsch – Krieewelsch. Krefeld ^{4}2009.

Wenker 1877
Georg Wenker: Das rheinische Platt. Den Lehrern des Rheinlandes gewidmet. Düsseldorf 1877.

Westfälisches Wörterbuch 2018
Westfälisches Wörterbuch. Hrsg. von der Kommission für Mundart- und Namenforschung des Landschaftsverbandes Westfalen-Lippe. Band IV: M – Sk, bearb. von Robert Damme. Kiel, Hamburg 2018.

Wrede 2010
Adam Wrede: Neuer Kölnischer Sprachschatz. Mit einer Einführung von Peter Honnen. Köln ^{13}2010.

Ortsregister

Nicht aufgenommen wurden: Rheinland und Deutschland. Abgeleitete Adjektive (beispielsweise: Kölner) werden stillschweigend wie die entsprechenden Ortsnamen (etwa: Köln) behandelt. Flüsse werden, weil sie im Text der räumlichen Orientierung dienen, ebenfalls berücksichtigt (Ausnahme: Rhein). Auf Namenszusätze (wie Klingenstadt Solingen) oder auf Ergänzungen (etwa Emmerich am Rhein) wird im Text zumeist verzichtet.

Dank

Seit Jahr und Tag arbeite ich mit den beiden Kartografinnen unseres Hauses, Esther Weiss und Martina Schaper, zusammen, wenn Sprachkarten zu zeichnen sind. Ohne sie hätte ich die sprachkartografischen Projekte nicht realisieren können, von ihnen stammen auch die Vorlagen zu den Karten in diesem Atlas. Für das stets konstruktive Zusammenwirken mein ganz herzlicher Dank!

Unter den Kolleg*innen im ILR habe ich in besonderer Weise Sarah Puckert für ihre Unterstützung des Projekts zu danken, ferner Vera Mey, Sandra Giesel und Verena Kohlmann. Profitiert habe ich vom fachlichen Austausch mit Peter Honnen (ehedem ILR) und Dr. Charlotte Rein. Für die Mithilfe bei der Auswertung der Fragebogen möchte ich Jil Blume, Christina Dick, Paulena Müller, Sophie Mürmann und ganz besonders Tim Könenberg meinen Dank abstatten.

Viele tausend Jugendliche und Erwachsene haben bei den Fragebogenerhebungen unseres Instituts, auf denen die Karten in diesem Atlas basieren, mitgemacht. Sie haben als »Gewährsleute« ihr Sprachwissen beigesteuert und sind dabei um Genauigkeit und Zuverlässigkeit bemüht gewesen, weshalb ich davon ausgehen darf, dass die hier präsentierten Karten tatsächlich einen Einblick in Sprachwandel und Sprachvariation des Landes am Rhein geben. Ich hoffe sehr, dass viele von Ihnen den Atlas in die Hand werden nehmen können, so dass ich mich auf diesem Weg noch einmal für die Unterstützung der LVR-Sprachforschung bedanken kann: Bleiben Sie der Abteilung Alltagskultur und Sprache unseres Hauses gewogen!

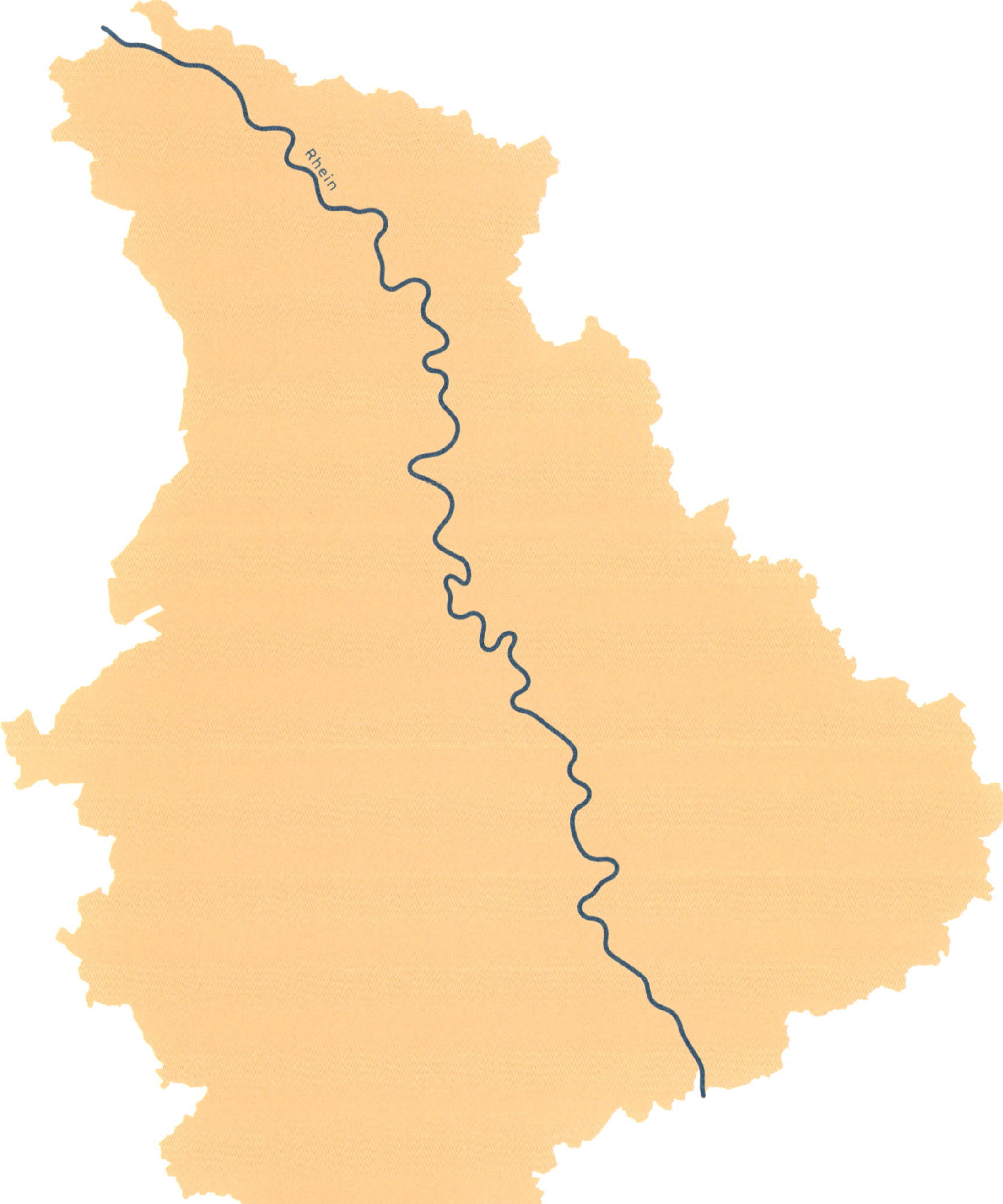
Rhein